DANIELE D'AUSILIO

IL CODICE DELLA NEWSLETTER

Come fare Email Marketing e
Creare la tua Mailing List di Successo

Titolo

"IL CODICE DELLA NEWSLETTER"

Autore

Daniele D'Ausilio

Editore

Bruno Editore

Sito internet

www.BrunoEditore.it

Sommario

Nota Biografica dell'Autore

Daniele D'Ausilio si occupa ormai da diversi anni di Nuove Opportunità di Business Online. Le sue numerose conoscenze sono acquisite non solo tramite Corsi di Formazione Americani, ma anche grazie alla vendita diretta. In questo periodo la sua attività principale è stata quella di scrivere Libri, Ebook e Guide Online sul Guadagno via Internet con numerosi successi, sia tramite la Bruno Editore che tramite eBay e il suo Sito www.guadagnare-soldi.org, dove Daniele ha importato in Italia il concetto di ebook con Diritti di Rivendita.

Ma il più grande Successo Editoriale di Daniele è rappresentato dalla Collana di ebook *Il Codice*, pubblicata con la Bruno Editore. **Più di 600 Copie Vendute dei suoi ebook e oltre 30.000 Report scaricati dal Sito di Autostima.net** hanno fatto di Daniele uno degli Autori più conosciuti. I suoi Best-Seller, infatti, **sono spesso ai TOP delle Classifiche di Vendita della Bruno Editore** e Daniele oggi, grazie ad essi, è uno degli autori di Libri Digitali tra i più visibili.

Introduzione

Hai mai sentito parlare di Joe Girard? È entrato nel Guinness dei Primati come "Miglior Venditore del Mondo".

Il suo Lavoro? Per dodici Anni consecutivi Joe vendeva Automobili presso un normalissimo Concessionario della Chevrolet a Detroit, in America. La sua particolarità, però, è che in questi dodici Anni di Lavoro è riuscito a vendere qualcosa come 13.000 Automobili, un Record tuttora imbattuto che gli è valso l'appellativo del più Grande Venditore che esista.

Questo straordinario Risultato non è frutto del caso. Joe infatti aveva una Strategia di Vendita ben precisa, molto diversa da tutti quelli che operavano nel suo Settore. In pratica questo eccellente Venditore teneva un Elenco di tutti i suoi Clienti e in ogni Occasione utile (Festività, Ricorrenze o Date Importanti) inviava un Biglietto Personalizzato dove ricordava la sua Stima nei loro confronti, oltre a un caloroso Saluto.

Questa Strategia, secondo Joe, è stata determinante non tanto per convincere il Cliente ad acquistare altre Automobili, ma semplicemente per "ricordare" a quella Persona che lui c'era, che per qualunque cosa lui era disponibile. In questo modo, se il Cliente conosceva qualcuno che aveva bisogno di cambiare Automobile, senza alcuna esitazione consigliava di andare dal suo "amico" Joe Girard.

Perché ti ho raccontato questa storia? Molto semplice. La Strategia del Venditore più Bravo del Mondo ci ricorda una regola importantissima nel Marketing: **ricontattare la nostra Clientela**, fare in modo di ricordarsi di loro; in questo modo il nostro Messaggio si espande e anche loro si ricorderanno di noi e di quello che offriamo. Qualsiasi sia la nostra Attività, sia se vendiamo Automobili in un Concessionario che se svolgiamo un'Attività Online, oggi c'è un Metodo Straordinario per farlo in maniera facile ed efficace: **la Newsletter.**

Probabilmente lo avrai già capito, ma la creazione e la gestione di una Newsletter rientra con pieno Diritto tra le Operazioni e le Strategie di Marketing più efficaci ed è dunque utile capire l'importanza di tutto questo e come può servirti.

Ricorda**: Tutti possono inviare una Newsletter** (dopotutto si tratta semplicemente di un'email da inviare a delle Persone), **ma la vera sfida sta nel creare qualcosa che alla gente possa stuzzicare, incuriosire, che possa aprire e leggere con interesse.** Quando questo avviene, quando una Vendita o una Conversione si realizza proprio grazie a una tua email, posso assicurarti che è una sensazione fantastica e questo ebook è stato scritto proprio perché questo possa accadere anche a te nel più breve tempo possibile.

Buona Lettura

Daniele D'Ausilio

GIORNO 1:
I Segreti delle Newsletter

Proviamo a fare un Gioco di Associazioni mentali. Cosa ti fa venire in mente la parola "***Marketing***"? Delle Persone dietro una Scrivania che si riuniscono per parlare del Futuro della loro Azienda? Può darsi. A molti invece questa Parola rievoca qualche Spot Televisivo o la Pubblicità in generale, che sia un Cartellone Pubblicitario o un Annuncio su un Giornale Locale. In effetti il Marketing è tutte queste cose insieme. Il Termine in sé deriva dalla Parole Inglese "Market", Mercato, e indica proprio l'Attività di Studiare il Mercato, agire in maniera attiva su di esso, come se fosse una Scienza.

In effetti il Marketing è anche questo: un ramo della Scienza Economico-Finanziaria.

Questo perché comporta Studi, Analisi, Test e Conclusioni finali, proprio come per gli altri Rami scientifici. Eppure **il Marketing**

non è nato dal principio e soprattutto NON è fondamentale per il nostro Commercio. Ti sembrerà strano ma è così.

Facci caso: all'inizio della Storia dell'Uomo, del suo Commercio, che ruolo rivestiva il Marketing? Praticamente nullo, in effetti non esisteva nessuna forma di Mercato o di Pubblicità, semplicemente perché non ce n'era bisogno. Le Aziende producevano semplicemente i Prodotti che servivano a soddisfare i Bisogni primari (quindi per lo più Cibo e Abbigliamento) e se lo facevano a Prezzi competitivi e con una certa Qualità, allora potevano star certi che il loro Lavoro non sarebbe mancato.

Un Contadino quindi non aveva bisogno di Pubblicità per vendere i suoi Prodotti Alimentari. Ricordi mai di qualche Contadino che abbia chiuso la sua Attività? Stesso discorso per i Mestieri, prima molto diffusi.

Qualsiasi Barbiere non aveva problemi di disoccupazione e la stessa cosa valeva per tutti coloro che avevano una qualche particolare Abilità che soddisfaceva un Bisogno. **La Gente**

acquistava Prodotti o Servizi di cui DAVVERO necessitava e il Mercato ruotava attorno a chi provvedeva queste cose.

Successivamente lo scenario cambiò radicalmente. Con l'Avvento dei Mass Media, in particolar modo della Televisione, ci fu una vera e propria Rivoluzione nel Mercato. La RAI decise di implementare degli Spazi Pubblicitari nel suo Palinsesto e creò il Format "Il Carosello", sicuramente ne avrai sentito parlare o te lo ricorderai. Vi erano 135 Secondi di Spazio all'interno di un Programma a disposizione delle Aziende che potevano Investire, non mostravano semplicemente un Prodotto di cui le Persone avessero bisogno, ma **creavano un Bisogno sotto forma di DESIDERIO.**

Ed è così che nel corso degli anni (ancora oggi) gli Spot Televisivi e la Pubblicità in generale non fanno altro che creare dei Desideri.

I Desideri non sono dei Bisogni veri e propri, ma comunque sentiamo la necessità di Soddisfarli come se lo fossero.

Ecco perché siamo disposti a fare la Fila ai Negozi per acquistare l'ultimo Modello di Video-Telefono, quando in effetti il bisogno di comunicare si può soddisfare tranquillamente con qualsiasi Cellulare; oppure sogniamo a occhi aperti la Ferrari, senza renderci conto che la propria Utilitaria soddisfa esattamente lo stesso bisogno e lo fa persino consumando e inquinando di meno.

Perché ci comportiamo tutti allo stesso modo? Forse perché il Marketing ha il potere di plasmare le nostre menti? No, non è così, fortunatamente abbiamo ancora tutti il Libero Arbitrio, possiamo prendere le nostre decisioni in tutta liberà e Matrix era solo un Film di Fantascienza. C'è però qualcosa di cui in pochi si rendono conto, ma che invece chi fa Marketing o chi vive di Commercio sa bene: **abbiamo tutti fondamentalmente gli stessi Desideri, gli stessi Sogni, gli stessi Obiettivi.**

Non sto parlando di Pace del Mondo o di una Società migliore, sto parlando ovviamente di Desideri Personali. Anche se in maniera diversa, anche se ognuno di noi lo fa a seconda del proprio Carattere, della proprio Cultura o Religione, tutti noi desideriamo le stesse cose:

- Una Famiglia Unita.
- Delle Persone che ci stiano vicino.
- Salute e Bellezza Fisica.
- Benessere Economico.
- Successo Professionale.

Forse ho generalizzato troppo? Probabilmente ho dimenticato qualcosa, è vero, ma fondamentalmente i nostri Bisogni sono gli stessi e chi fa Marketing lo sa bene. Nel mio Libro *Il Codice degli Ebook* spiego in maniera approfondita l'importanza di Studiare una determinata Nicchia di Mercato e le Persone che la compongono, al fine di capire cosa quelle persone cercano, di cosa hanno bisogno e creare un Prodotto in base a queste esigenze. È la stessa cosa che gli Uomini di Marketing fanno con tutti noi consumatori.

Sanno del nostro Bisogno di "Apparire" e creano Prodotti sempre più particolari ed esclusivi. Sono consapevoli che le Diete e i Prodotti del Corpo andranno sempre alla grande, perché ci illudiamo che con quelli possiamo davvero avere quella Bellezza Fisica che sogniamo, che ci fa stare bene con noi stessi.

Ti stai chiedendo perché nell'Introduzione di questo ebook dedicato alla Newsletter sto parlando invece di Marketing? Molto semplice:

La Newsletter è il miglior Strumento di Marketing a Lungo Termine per chi ha un'Attività.

Ricordi l'esempio di Joe Girard? Ebbene, una Newsletter possiede tutti gli Ingredienti che ha usato lui per ottenere il suo Risultato. Una Newsletter infatti è un Mezzo formidabile, ti permetterà di essere una Persona in Carne e ossa agli occhi del tuo Cliente, invece che un semplice Venditore che si nasconde dietro un Sito. Inoltre, sfrutta appieno tutti i vantaggi che offre oggi Internet: la Newsletter, infatti, è facilmente **Collegabile** (con i vari Link puoi mandare il Lettore dove vuoi), è **Misurabile** (puoi controllarne facilmente i Risultati) e soprattutto, è uno Strumento **Interattivo** (i Lettori potranno facilmente rispondere alle tue email e sentirsi partecipi con te e la tua Attività). Sarebbe troppo facile e superficiale dire che una Newsletter con molti Iscritti porta numerose Visite al tuo Sito e ne aumenta le Vendite (anche se ovviamente è così), ma **prova a pensare al VERO**

Potenziale che una Newsletter popolare può significare per TE. Immagina di avere una tua Azienda, quindi di Produrre degli Oggetti. O immagina solo di esserne il Rivenditore, quindi di avere magari un Negozio o di esserne un Affiliato. Una Newsletter, in questo caso, non è solo un Modo per aumentare la tua Visibilità. Ti permette, prima di tutto, di affacciarti nel Mondo di Internet, ma non solo, poiché provvede un Metodo garantito per comunicare in tempo reale con i tuoi Clienti, mostrare loro le tue ultime Offerte, i tuoi Prodotti e tutto quello che hai a disposizione.

Una Newsletter, inoltre, è molto **Economica**. I costi per attivarla possono variare, ma sono sempre molto contenuti e le spese fisse sono tranquillamente sostenibili. In questa Guida, inoltre, scoprirai come renderle praticamente nulle. Non è fantastico? Suona troppo bello per essere vero? In effetti devo svelarti che, dietro tutte questi benefici, si nasconde anche un aspetto negativo: **Tutti oramai conoscono e utilizzano una Newsletter.**

Specialmente nel campo del Business Online e molto spesso anche per quanto riguarda quello tradizionale, tutto quello che ti sto raccontando in queste Pagine è tutt'altro che un Segreto. Tutti hanno una loro Newsletter e molto spesso siamo talmente pieni di email che siamo costretti noi stessi a cancellare il nostro Indirizzo di Posta Elettronica da qualche Lista, per non correre il rischio di trovarsi la Casella di Posta ogni giorno intasata di Messaggi che neanche avremmo il tempo di Leggere. Sono sicuro che anche a te è capitato qualche volta.

Hai presente quando una bellissima Spiaggia o Paesaggio deserto viene scoperto dalla Stampa o dalla Massa di Turisti? Cosa succede?

Che spesso col lungo andare le Persone, gli Imprenditori e altri fattori esterni finiscono per deturpare quel luogo prima incontaminato. Come quella Spiaggia, anche la grande popolarità che sta avendo la Newsletter nell'ambito dell'Internet Marketing in questi anni è un aspetto negativo e rischia di far addirittura perdere la sua efficacia.

Fortunatamente però, con le giuste Strategie, puoi sfruttare questo aspetto e girarlo a tuo Vantaggio, utilizzando le Newsletter con un'efficacia mai vista prima. Spesso è solo questione di atteggiamento mentale. Molti, infatti, collegano erroneamente la grande diffusione di email (spesso anche indesiderate) con il fatto che questo strumento di Marketing oggi sia diventato solo una scocciatura. **Ma NON è così**! Le Persone non si sono stancate improvvisamente di ricevere Informazioni che possono essere utili nel loro ambito lavorativo o personale. Anzi, la realtà è l'esatto opposto!

Forse sono stanchi delle solite email: «Acquista Ora il nostro Super Prodotto fino a esaurimento scorte», soprattutto quando il

Super Prodotto in realtà è poco più di Spazzatura (cosa che purtroppo accade sempre più spesso tramite le Newsletter).

Come dicevamo però, questo non vuol dire che tu non possa utilizzare la newsletter per la tua Attività, qualunque essa sia. Anzi, puoi approfittare di questa situazione per distinguerti dagli altri, per creare una tua Newsletter che sia qualitativamente superiore alle altre e avere grande Successo. Una Newsletter quindi che sia:

- Piena di utili e importanti Informazioni.
- Scritta in modo chiaro, che rifletta il tuo Pensiero e faccia capire i reali vantaggi di quello che offri.
- Incentrata a far crescere la tua Attività, in modo da creare un filo diretto con i tuoi Clienti a Lungo Termine, quindi non solo orientata sulle Vendite immediate e sulle Offerte speciali.

È questo ciò che imparerai a fare con la lettura di questo ebook molto speciale. Speciale perché le Strategie qui esposte sono frutto di attenti studi svolti da parte mia e non si trovano né liberamente su Internet, né pubblicate in altri Libri sul Marketing.

Sono diversi anni che mi occupo di Internet Marketing e Attività Online e la Newsletter è ancora oggi uno dei miei Strumenti principali di Vendita e di Guadagno.

Posso dire in tutta onestà, non solo di conoscerne le Strategie meno conosciute e più adatte al nostro Mercato, ma anche che non è facile iniziare a sfruttarla a dovere. Ma procediamo con ordine ...

Sino a questo momento, introducendo il Capitolo Newsletter, ci siamo trovati soprattutto a parlare di Marketing, quello tradizionale, fatto di Persone in carne e ossa che hanno contribuito nel corso della Storia a creare quella che in fondo è oggi la nostra Società, un po' tutta improntata sul Marketing.

Non credere che questo Contesto non ti riguardi. Oggi il Marketing è alla portata di tutti, così come avviare un'Attività o un Business, specialmente su Internet. Grazie al Servizio di Drop Ship puoi divenire facilmente un Rivenditore di qualsiasi Prodotto tu voglia Vendere e farlo tranquillamente tramite un tuo Sito Internet o eBay. Inoltre, con i Programmi di Affiliazione puoi sfruttare l'Internet Marketing (e appunto, le Newsletter) per vendere tranquillamente Prodotti di altre Aziende, che ti riconosceranno una Percentuale sulle tue Vendite che riuscirai a realizzare.

Ora non voglio dilungarmi su questo aspetto. Probabilmente, se hai deciso di leggere questo ebook, sai già di cosa parlo e se così non fosse, ti incoraggio a leggere il mio Report: *La Verità sulle Affiliazioni*, che puoi avere in Omaggio registrandoti sul sito della Bruno Editore. Tuttavia, se non hai mai sentito parlare delle Newsletter o non hai ancora ben chiaro cosa esse siano, mi sembra giusto in questa sede partire dall'inizio, in modo da rendere comprensibile questo ebook a tutti.

SEGRETO n. 1: una Newsletter, fondamentalmente, non è altro che un Messaggio di Posta Elettronica, email.

La Scrittura di un Messaggio e l'invio a un determinato Gruppo di Persone pronte a riceverlo fa parte delle azioni necessarie per la gestione di una Newsletter. Tutto qui. Con questo non voglio sembrarti un Superficiale, è vero che ci sono tanti Dettagli che si nascondono dietro una Newsletter efficace e molte Strategie per renderla di Successo, ma volendo semplificare una Definizione, la Newsletter è un Messaggio che viene inviato a delle Persone. Punto.

Cercando di entrare un po' più nel dettaglio invece, possiamo immediatamente identificare tre Parti distinte che compongono una Newsletter. Le esamineremo nelle Pagine successive di questo Libro. Queste Parti sono:

- **Il Contenuto**: cosa scrivere e come farlo.
- **La Formattazione**: come organizzare le Parole da scrivere. Carattere, Grafica, Divisioni, Link e tanto altro.
- **Invio e Gestione della Mailing List**: anche dei validi Contenuti e una buona Formattazione servono a poco se non ci sono Persone disposte a leggere le tue email e un "Servizio" in grado di inviare automaticamente i Messaggi ai tuoi Iscritti. Questo comporta quindi sapere come aggiungere, eliminare e gestire una tua **Mailing List** (la Lista degli Iscritti alla tua Newsletter) come pure fornire ai tuoi Iscritti dei metodi per cancellarsi tutte le volte che lo desiderano.

Prendi questi tre aspetti, utilizzali al meglio, e avrai una tua Newsletter che funziona. Questo ebook però non si limiterà a spiegarti questi aspetti principali, ma approfondirà anche alcune Strategie avanzate, che io stesso ho avuto l'opportunità di Testare con Successo nella mia Attività di Internet Marketer, per migliorare l'efficacia della tua Newsletter e raddoppiare in poco tempo la tua Lista di Iscritti. Come dicevamo prima, oggi non è facile avere una Lista da migliaia di Iscritti, questo perché sono tantissime oggi le email Pubblicitarie e le Newsletter che girano su Internet e gli Utenti per forza di cose non hanno il tempo di leggerle tutte, necessariamente si cancelleranno da alcune di esse. Leggendo questo Manuale però scoprirai **come evitare che questo accada per la TUA Newsletter.**

SEGRETO n. 2: gli Utenti di Internet non hanno in tempo di leggere tutte le email delle Newsletter alle quali si iscrivono. Con le giuste Strategie, quindi, potrai diventare la Fonte di Fiducia per le Informazioni che interessano al tuo Iscritto.

Devo essere sincero, non sono mai stato un fan delle Newsletter, pensavo fossero solo un inutile spreco di tempo e di sforzi. Mi domandavo cosa ci fosse di utile nello scrivere un'email a delle Persone che forse non gradiscono nemmeno i miei Messaggi o che forse non sono interessati ai miei Prodotti. Poi però ho capito che mi sbagliavo, e sono riuscito a farlo grazie al modellamento delle grandi Aziende che operano nel Settore Tradizionale.

Modellare, secondo la PNL (Programmazione Neuro-Linguistica, la Scienza che studia e analizza l'eccellenza umana), significa studiare e analizzare chi ha avuto Successo in un determinato Campo o Settore al fine di estrapolarne le Strategie vincenti. Come appunto ti dicevo, ho avuto modo di far questo modellando le grandi Aziende.

Per farti un esempio, in passato sono stato un Cliente BMW (avendo acquistato una delle loro Autovetture). Ero abbastanza soddisfatto della mia Macchina, salvo poi passare a un'altra Casa Automobilistica. Ciò nonostante, dopo qualche mese mi arrivò a casa un invito particolare, direttamente spedito dalla BMW, valido per l'inaugurazione (altrimenti riservatissima) di uno dei loro più importanti Saloni d'esposizione, dove era possibile perfino ammirare dei Modelli a quel tempo non ancora in

Commercio. Questo mi colpii molto, pensai che fosse davvero efficace la Strategia di tenere un Database con tutti i Clienti, per poi inviare loro delle Offerte o Inviti riservati. Nessuno all'epoca faceva una cosa del genere (oggi credo sia un po' più diffuso) e sicuramente dava i suoi risultati in quanto i Clienti avevano modo di Studiare quella che poteva essere potenzialmente la loro nuova Bmw, mentre per i vecchi Clienti come me era l'occasione adatta per farli tornare a guidare una loro Automobile, dando una vasta scelta.

Strategia interessante, non è vero? Ovviamente la Bmw non è l'unica Azienda che spedisce delle Offerte speciali ai suoi Clienti. Questo però mi ha fatto riflettere... Quanto può essere costato all'Azienda organizzare tutto questo?

Nel senso che ideare, realizzare, stampare e inviare le Brochure a Colori con gli inviti a **TUTTI i Clienti** deve comportare una bella spesa, per non contare il fatto che è stato organizzato un Evento importante come quello di un'esposizione come pretesto per invitare queste Persone e farsi Pubblicità. Ciò nonostante possiamo essere sicuri al 100% che se la Bmw ha deciso di fare un Investimento del genere, di sicuro avrà avuto il suo Tornaconto e si tratta senz'altro di Guadagni considerevoli.

Quanto avrebbe potuto risparmiare l'Azienda se invece avesse deciso di mettere tutto il Materiale Pubblicitario in una email da **spedire IMMEDIATAMENTE a tutti i suoi Clienti?** Quanto ne avrebbe beneficiato in risparmio e quindi in ulteriore Guadagno?

Forse per una realtà come la Bmw questo è un discorso relativo, nel senso che a loro non interessa tanto risparmiare, ma raggiungere tutti tramite la Posta Tradizionale con un Invito Fisico e non Virtuale, anche per un Ritorno d'Immagine. Ma per un Venditore Online come puoi essere tu, o per una Piccola/Media Impresa, questa opportunità, come avrai capito, **vale ORO.**

Il Risparmio e l'Immediatezza sono in fondo delle Caratteristiche abbastanza ovvie. Quelli che invece non sono così evidenti, sono gli altri Vantaggi che una Newsletter offre. Se, infatti, **mettiamo insieme TUTTI i Reali Benefici di una Newsletter**, scoprirai che vanno ben oltre il semplice Risparmio dei Costi di Stampa e della Comodità di fare tutto Online.

Ad esempio, una Newsletter genera:

- **Un aumento di Offerte e di Cross Sell (Vendita di Prodotti Simili ai tuoi):** una tua Newsletter non solo fa in modo di mantenere un contatto diretto con i tuoi Clienti che si aspetteranno di ricevere da te delle Offerte relative ai tuoi Prodotti, ma potrai approfittarne anche per proporre loro una Vasta gamma di Prodotti di altre Persone (alle quali magari sei Affiliato).

- **Un Incremento del Valore dei tuoi Clienti**: ricorda sempre, i tuoi Concorrenti Online potranno copiare la tua Politica di Prezzi, potranno copiarti i Prodotti, potranno persino prendere spunto dalla tua Immagine (che sia un'Azienda o un Sito Internet), ma quello che non potranno mai copiare sono i Rapporti che hai con la tua Clientela e la tua Reputazione. Ogni Newsletter che invierai servirà a rendere più solida la Fiducia che i tuoi Clienti hanno verso di te e questo, come vedremo, è un aspetto fondamentale.

- **Un canale a basso Costo per l'Invio dei tuoi Messaggi**: la tua Mailing List, ossia il Database con gli Indirizzi di Posta Elettronica dei tuoi Iscritti, è la chiave per accedere ai tuoi Clienti, per mostrargli qualcosa a cui possono essere interessati. Con un Costo davvero vicino allo Zero potrai inviare loro Messaggi, Avvisi, Segnalazioni e Offerte come e quando vuoi.

- **Una Posizione come Leader di Pensiero e come Relatore**: la tua Newsletter ti dà la possibilità di farti sentire, di darti una voce all'interno della tua Nicchia di Mercato, un Palco sul quale salire e poter presentare te, quello in cui credi e i tuoi Prodotti o Servizi che offri.

- **Un Dialogo aperto con i tuoi Clienti**: una Newsletter consente al tuo Cliente di esprimersi e interagire facilmente con te. Commenti, Critiche o anche scambi di Idee saranno davvero utili sia per te che per loro.
- **Una Carica al tuo Marketing e alle tue Vendite**: una Newsletter non è paragonabile a un semplice Sito Internet, né alla Pubblicità Tradizionale. La Newsletter sfrutta i vantaggi di

entrambi questi Strumenti per aumentare considerevolmente i tuoi risultati di Vendita.

Tieni sempre bene in mente questi Vantaggi quando inizierai a utilizzare la tua Newsletter, ti aiuteranno a ricordare i tuoi Obiettivi.

SEGRETO n. 3: una Newsletter va ben oltre il Semplice Risparmiare Soldi per la Stampa di Pubblicità, ma fornisce tantissimi aspetti positivi per chi la utilizza.

La domanda comunque più frequente fatta riguardo alla Newsletter è la solita... quanto Costa? Se anche tu ti sei posto questo interrogativo, allora ecco la buona notizia:

SEGRETO n. 4: una Newsletter in Termini di Investimento e di Gestione non costa praticamente niente.

Proprio così: uno degli aspetti migliori delle Tecnologie che ci fornisce Internet è la possibilità di autogestire i propri Servizi, una volta posti in essere. Questo vuol dire che una volta creata la tua

Lista di Iscritti in Newsletter non dovrai pagare nessuno per i Messaggi che invierai e potrai farlo direttamente tu, con un costo di Gestione per l'invio delle email (che dopo ti mostrerò nel dettaglio) veramente minimo. Per darti un'idea pratica, anche nel caso tu voglia far tutto esternamente e acquistare tutto da zero, compreso il Server per l'invio dei tuoi Messaggi, non dovresti spendere più di 25 euro al Mese (ovviamente a lungo andare dipende anche dal numero dei tuoi Iscritti, ma di questo parleremo più avanti) per avere una tua Newsletter veramente Professionale e ben Organizzata.

Ovviamente non è una Regola, molto dipende anche dalla tua bravura e se seguirai le Strategie di questo ebook in modo da avere tanti Iscritti in poco tempo, in proporzione i costi di Gestione potrebbero aumentare. Vedilo come un Investimento.

Paghi qualcosa in più, è vero, ma avrai anche molti più Potenziali Clienti pronti ad ascoltare il tuo Messaggio o ad acquistare il tuo Prodotto. Io ragiono in quest'ottica nel mio Lavoro. Se anche ho l'opportunità di raggiungere cento Persone in più (che poi sono anche potenziali Clienti) non mi faccio il problema nell'aumentare i miei Costi Gestionali di 5 euro in più al Mese. Andando avanti nel corso della Lettura, comunque, ti insegnerò per bene in cosa consistono questi costi di Gestione e come poterli ridurre al minimo senza diminuire la Qualità della tua Newsletter.

Forse invece per te non è tanto una questione di Soldi, ma di TEMPO. Alcuni, infatti, credono che non valga la Pena perdere il tempo per Gestire una Newsletter. È davvero così?

Sicuramente la Gestione di una Newsletter non è propriamente quel tipo di Lavoro Online da "5 Minuti al Giorno" che molti propinano su Internet. C'è bisogno della Gestione di tanti Iscritti, creazione e invio su base regolare di buoni Messaggi eMail e tanti altri accorgimenti che poi ti dirò. Ma allora, ne vale la pena? Io credo proprio di sì. Dopotutto si tratta ancora di Lavoro, seppure da svolgere davanti a un Computer. Ipotizza lo stesso tipo di Attività (quindi quella di Acquisizione e Gestione Clienti) nella sua Forma Tradizionale. Non saresti magari costretto a Scrivere comunque degli Articoli promozionali in qualche Rivista del Settore? Non dovresti forse organizzare numerose Cene o Pranzi di lavoro con alcuni dei tuoi Clienti, per mostrar loro le tue Offerte? Che dire poi degli immancabili Viaggi di Lavoro, invio di Volantini Pubblicitari, Fiere espositive alle quali partecipare, Convegni e tanto altro?

Tutto questo ovviamente è visto ben volentieri nel Mondo del Lavoro e del Marketing, poiché è volto nella SPERANZA di acquisire ulteriore Visibilità, di trovare nuovi Clienti e di rafforzare i Rapporti con quelli vecchi. Certo, si tratta di qualcosa di indispensabile in questo campo e non ci si pone neanche il dubbio che valga la pena far tutto ciò, anche se in fondo si perde MOLTO più tempo rispetto alla Gestione di una Newsletter nella totale comodità di casa propria.

Non è solo questione di Comodità: **una Newsletter offre tutti i vantaggi di queste Operazioni di Marketing, ma a costi di Tempo e Soldi maggiormente mirati e molto contenuti**. Perché quindi perdere inutile Tempo, cercando sempre e solo nuovi Clienti, quando converrebbe maggiormente stimolare chi ha già acquistato da te a provare un altro tuo Prodotto? Ecco quindi che capiamo un grave errore che spesso è commesso da chi vuole intraprendere un'Attività, specialmente su Internet: ci si concentra troppo spesso sul Prodotto, cercando invano di crearne uno che possa vendere una Quantità invidiabile di Copie, invece di creare una propria Clientela, alla quale Offrire sistematicamente i propri Prodotti o i Prodotti di altre Persone.

SEGRETO n. 5: se ti concentri sulla tua Mailing List il tuo ROI (Ritorno sui tuoi Investimenti) sarà notevolmente maggiore e vedrai aumentare le tue Vendite e i tuoi Obiettivi, a differenza di chi cerca solo di presentarsi con lo stesso Prodotto cercando di venderlo a quante più Persone possibili.

Ok, detto così sembra tutto facile, ma ci sono dei Metodi per capire se la tua Newsletter sta funzionando o meno?
Ovviamente sì, come abbiamo detto prima il vantaggio di poter gestire questo Strumento utilizzando Internet ti permette di monitorare attentamente i tuoi Risultati. Ci sono infatti diversi Metodi per capire se la tua Newsletter è sulla Strada giusta e sta aumentando il tuo ROI. Nel corso di questo Manuale metterò in evidenza la maggioranza di essi, ma naturalmente mi soffermerò su quelli che personalmente reputo più adatti. La cosa importante

comunque è che mettendo insieme i Risultati tu riesca a capire il reale valore aggiunto che sta avendo la tua Newsletter per la tua Attività.

Risparmio di spese pubblicitarie

Se al momento stai spendendo molti Soldi per promuovere la tua Attività Commerciale (tramite Pubblicità diretta, Inserzioni su Giornali, Sponsorizzazioni o altro) l'utilizzo di una tua newsletter rappresenta la possibilità di tagliare tali spese una volta per tutte. In molti casi le spese di avvio e gestione di una newsletter vengono totalmente rimborsate dal risparmio che si ottiene evitando le spese pubblicitarie tradizionali che spesso sono anche inefficaci.

Poniti come primo obiettivo, quindi, quello di creare una tua newsletter, proprio al fine di risparmiare sui tuoi costi di gestione e di Marketing per la tua attività.

SEGRETO n. 6: una Newsletter ti consente di risparmiare sulle Spese Pubblicitarie Tradizionali come Pubblicità diretta, Inserzioni, Materiale Stampato e del suo Invio.

Aumento dei guadagni

Eccoci finalmente alla prospettiva più interessante che la Newsletter oggi offre: quella di aumentare le proprie visite (quelle verso il proprio sito Internet) e le proprie vendite grazie ai messaggi che invii via email. Per esempio:

- **I Tuoi attuali clienti** potrebbero contattarti dicendo: «La tua ultima Newsletter mi ha fatto pensare a … e mi stavo chiedendo quanto verrebbe a costare la realizzazione di questo servizio».

- **I tuoi lettori di lunga data** (che magari non hanno mai Acquistato nulla da te) potrebbero contattarti dicendo: «È da tempo ormai che leggo con interesse la tua newsletter e trovo molto interessanti, stavo pensando di acquistare finalmente il tuo prodotto».
- **Persone che non ha mai sentito** parlare potrebbero comportarti dicendo: «Un amico mi ha girato la tua newsletter in quanto proponete un prodotto che può interessarmi, quanto costa?»

Ovviamente questi casi sono molto ottimistici ma lavorando con una newsletter non mancheranno occasioni del genere.

SEGRETO n. 7: la Newsletter aumenta le tue Vendite e il tuo Fatturato, in quanto i tuoi lettori potranno tenere presente il tuo Prodotto in ogni momento e chiederti più facilmente informazioni.

Rafforza le relazioni

Ultimo aspetto positivo riguardante le newsletter, anche se molto più difficile questa da quantificare, è il forte impatto sulla tua reputazione e quella del tuo business. Questo perché, anche se come abbiamo detto prima, la newsletter è un vero e proprio strumento di marketing, si allontana molto dai suoi canoni tradizionali. È vero, serve a diminuire costi di gestione e ad aumentare le vendite, ma fondamentalmente attiverà il contatto diretto con la tua mailing list, quindi costruirai delle tue relazioni.

Se ti limiti i a misurare i risultati soltanto tramite vendite e visite, in effetti stai trascurando gran parte del lavoro oscuro che i tuoi messaggi email stanno costruendo. Se quindi vuoi misurarne l'efficacia, devi imparare a guardare a Lungo Termine, focalizzarti in maniera più ampia, dando uno Sguardo ai Benefici che una Newsletter ti dà anche in termini di Rapporti con i Clienti e Prospettive di Vendite multiple che altrimenti non riusciresti a costruire da solo.

Pensa solo al numero di Feedback che ogni mese puoi ricevere dai tuoi Iscritti (richieste, domande, critiche, commenti ecc.). Quante ne potresti ricevere senza una Newsletter? Pensa al numero di Link che puoi inserire nei tuoi Messaggi email e delle Visite ai tuoi Siti Internet che ne ricevi, che altrimenti non avresti mai avuto. Queste sono solo alcune delle opportunità che una Newsletter ti offre per rafforzare le tue Relazioni con i Clienti. Più rafforzerai le tue Relazioni con loro, maggiore sarà la possibilità che tramite le email tu dia agli iscritti proprio quello che stanno cercando. Interessante, non è vero?

Ovviamente non è tutto Oro quello che luccica. In effetti tutti questi Benefici fino a ora descritti sono molto difficili da ottenere senza impegno, senza contare che con la costruzione di una tua

Newsletter ti troverai di fronte a uno dei più grandi Ostacoli che ogni Persona deve fronteggiare: **la Comunicazione Efficace!**

Anche se ti risulta facile scrivere, non sarà facile CONVINCERE le Persone che quello che tu dici, quello che offri, è migliore degli altri; soprattutto dovrai convincere le Persone a FIDARSI di te, perché la ricezione di un messaggio email è quasi un Rapporto diretto con una Persona che altrimenti non ci metterebbe nulla a cancellarsi dalla tua Lista. Se rimane vuol dire che è interessato a ciò che scrivi e soprattutto da COME lo scrivi.

Non posso garantirti che dal primo Messaggio email che invierai, riuscirai subito a entusiasmare, a motivare i tuoi Iscritti, ma ti posso dare delle Strategie di Copywriting, di Scrittura e di Persuasione, in modo tale che a lungo termine tu possa vederne i Benefici. Scopriamo come fare nelle prossime Pagine!

RIEPILOGO DEL CAPITOLO 1:

- SEGRETO n. 1: una Newsletter, fondamentalmente, non è altro che un Messaggio di Posta Elettronica, email.
- SEGRETO n. 2: gli Utenti di Internet non hanno tempo di leggere tutte le email delle Newsletter alle quali si iscrivono. Con le giuste Strategie, quindi, potrai diventare la Fonte di Fiducia per le Informazioni che interessano al tuo Iscritto.
- SEGRETO n. 3: una Newsletter va ben oltre il Semplice Risparmiare Soldi per la Stampa di Pubblicità, ma fornisce tantissimi aspetti positivi per chi la utilizza.
- SEGRETO n. 4: una Newsletter, in Termini di Investimento e di Gestione non costa praticamente niente.
- SEGRETO n. 5: se ti concentri sulla tua Mailing List il tuo ROI (Ritorno sui tuoi Investimenti) sarà decisamente maggiore e vedrai aumentare le tue Vendite e i tuoi Obiettivi, a differenza di chi cerca solo di presentarsi con lo stesso Prodotto cercando di venderlo a quante più Persone possibili.
- SEGRETO n. 6: una Newsletter ti consente di risparmiare sulle Spese Pubblicitarie Tradizionali come Pubblicità diretta, Inserzioni, Materiale Stampato e del suo Invio.

- SEGRETO n. 7: la Newsletter aumenta le tue Vendite e il tuo Fatturato, in quanto i tuoi lettori potranno tenere presente il tuo Prodotto in ogni momento e chiederti più facilmente informazioni.

GIORNO 2:
Cosa scrivere ai tuoi Iscritti

Sei mai rimasto profondamente colpito da un grande Comunicatore? Le Parole di Gandhi, Kennedy o altri Famosi Personaggi risuonano ancora nella tua mente? Ti sei mai chiesto il perché? In effetti queste Persone, tramite la Potenza delle loro Parole, sono riusciti a far breccia nel Cuore non solo mio e tuo, ma di intere Nazioni e perfino decenni dopo la scomparsa le loro Parole vengono ricordate da tutti. Ne è un classico esempio del recente Discorso pronunciato da Gandhi, ritrovato nella sua Versione integrale, che ha scosso il Mondo intero e fatto parlare di sé.

Cosa c'entra questo con la tua Newsletter? C'entra perché, in quanto possessore di una Mailing List, ti troverai costretto a Comunicare qualcosa ai tuoi tanti Iscritti che attenderanno i tuoi Messaggi e quello che hai da dire. Questa è una grandissima Responsabilità, come puoi immaginare. Il contenuto delle email che invierai ai tuoi iscritti, infatti, può pregiudicare il successo del tuo business ed è un aspetto molto importante. **Quello che scriverai e sopratutto il MODO in cui lo scriverai** potrà costituire una lista "Fidelizzata" oppure potrà provocare la cancellazione di gran parte degli iscritti. Costruire una lista "Fidelizzata" è determinante perché con questo tipo di Persone il tuo potenziale di vendita e di guadagno aumenta sensibilmente!

SEGRETO n. 1: il Segreto per fidelizzare gli Iscritti della tua Newsletter è quello di curare il Contenuto dei Messaggi che invierai.

C'è una netta differenza tra una lista di 5000 iscritti, dove solamente 1000 ti seguono con interesse mentre gli altri 4000 "Cestinano" i tuoi messaggi appena li ricevono, con una lista di soli 1500 iscritti ma "Fidelizzati", Persone che ti seguono con interesse, aspettano con ansia le tue email e ti considerano un punto di riferimento importante per loro! Quale di queste due liste saranno più efficaci e porteranno a maggiori risultati secondo te? La risposta è ovvia, la lista "Fidelizzata" di 1500 iscritti. Se una lista sarà "Fidelizzata" oppure no, non dipende in gran parte dai singoli iscritti, ma dipende da come tu mantieni il rapporto di fiducia con loro e da quello che sarai in grado di offrire loro attraverso il contenuto delle tue email. Io stesso mi sono avvicinato con interesse al Marketing online proprio grazie alla mailing list di altri.

Ricordo ancora quel periodo. Decisi di iscrivermi alle newsletter di moltissimi Venditori Online e diversi Siti Internet, per vedere proprio cosa avevano da propormi e per imparare destreggiarmi in rete e iniziare a lavorare online. Perché decisi di iscrivermi? Perché avevo bisogno di informazioni e contenuti utili e di mio interesse! In pochi Giorni ero iscritto a più di venti newsletter e ora attendevo con ansia quello che sarebbe arrivato nella mia casella di posta elettronica.

Solamente dopo dieci giorni, però, decisi di cancellarmi da molte e le mie iscrizioni attive rimasero solamente quattro. Perché? Cosa mi spinse a cancellare la mia iscrizione da sedici newsletter? La risposta a questa domanda ti porta a riflettere: subito dopo essermi iscritto, la mia casella di posta elettronica fu letteralmente presa "d'assalto" da messaggi pubblicitari che proponevano l'acquisto di ebook, manuali e seminari per imparare a diventare un Venditore con successo! Solamente quattro delle venti newsletter attirarono la mia attenzione, perché **NON contenevano offerte commerciali, ma una serie di risorse gratuite utili e interessanti**, inerenti con l'argomento e con il target per cui mi ero iscritto: Il Marketing e il Guadagno Online.

Col tempo le informazioni ricevute tramite quelle newsletter mi hanno permesso di accrescere le conoscenze e mi hanno invogliato a saperne di più. Ho acquistato diversi prodotti da quei Siti. Soprattutto su Autostima.net; oggi a distanza di anni posso essere veramente grato a quelle persone di cui mi fidavo e mi fido tutt'ora, tanto da far parte io stesso degli Autori della Bruno Editore. La loro è stata una newsletter veramente efficace e sai perché? Perché hanno capito che il peggior approccio verso i propri iscritti è quello di **Chiedere.** È per questo che nel loro caso avviene esattamente l'opposto, visto che nel sito della Bruno Editore è disponibile una newsletter ricca di Formazione completamente gratuita.

SEGRETO n. 2: il giusto approccio verso i tuoi Iscritti non è quello di chiedere qualcosa, ma di DARE.

Il problema è che oggi molte persone che vogliono portare avanti i loro affari attraverso una mailing list non hanno ancora capito che per costruire una lista "Fidelizzata" e numerosa devono essere disposti prima a **Dare** e poi a **Chiedere.**

Ecco perché è molto importante curare il contenuto delle newsletter che invierai a tutti gli iscritti: di primo approccio non deve riguardare proposte commerciali e offerte riferite all'acquisto dei tuoi prodotti, altrimenti gli iscritti ti vedranno come uno che vuole solo "Spillare" loro dei soldi. Il primo approccio è sempre quello di creare un rapporto di fiducia con l'iscritto fornendogli informazioni utili e di qualità. Tutto quello che scriverai nelle email destinate ai tuoi iscritti darà valore alla tua immagine professionale e permetterà alla lista di rimanere "Fidelizzata" nel tempo.

Il fatto che in seguito gli iscritti aderiranno alle tue Proposte e acquisteranno da te un prodotto o servizio, piuttosto che da un tuo concorrente, sarà solo una conseguenza del fatto che si fidano di te, ti considerano un esperto del tuo settore e sei diventato per loro un importante punto di riferimento.

Di conseguenza è necessario che tu ti prenda del tempo per cercare e selezionare in rete le informazioni che potrebbero essere davvero utili ai tuoi iscritti. Ogni settore o nicchia di mercato della quale ti occupi vanta una notevole quantità di materiale sotto forma di informazioni utili, come report, recensioni, guide, software, testimonianze, approfondimenti, notizie interessanti e prodotti. Ricorda sempre che il tuo Interesse è anche quello dei tuoi iscritti e che il tuo Prodotto può essere utile a quella Categoria di persone, quindi quello che tu impari sotto forma di strategie e metodi di miglioramento può essere molto interessante per ognuno dei tuoi iscritti, che ha scelto di seguirti proprio perché sono interessati a quello che tu proponi, al tuo lavoro e a come lo porterai avanti nel tempo.

SEGRETO n. 3: fai una Ricerca accurata su Internet per cercare e selezionare tutte le Informazioni inerenti al tuo Interesse, che potrebbero interessare i tuoi Iscritti.

Quindi devi concentrarti soprattutto nella ricerca di contenuti di qualità e devi preparare dei messaggi da inviare ai tuoi iscritti contenenti risorse gratuite utili e interessanti. Lavori nel campo dell'InfoMarketing? Allora puoi inviare messaggi che includano report gratuiti o applicazioni utili per iniziare a creare un infoprodotto, come ad esempio un ebook come questo. Chi ti segue con interesse vuole imparare? Benissimo, tu puoi insegnare molte cose attraverso le tue newsletter. Nel mio caso, ad esempio, inviai ai miei Iscritti, tempo fa, il Report *Pubblica il tuo ebook.*

Questa piccola Guida di diverse Decine di pagine analizzava approfonditamente i Segreti per Pubblicare il proprio ebook con la Bruno Editore e superare la difficile Selezione, indicando le Strategie che io stesso ho utilizzato per farmi Pubblicare. Indicava anche i Pro e i Contro della Pubblicazione Autonoma e quella Editoriale. Tra l'altro è disponibile ancora oggi gratuitamente sul

Sito della Bruno Editore,. Capirai che del Materiale del genere, distribuito gratuitamente, è davvero qualcosa di straordinario e difatti i miei Iscritti apprezzarono molto il mio Omaggio, per poi acquistare qualche tempo dopo l'ebook che in maniera ancora più dettagliata spiegava come **SCRIVERE il Proprio ebook** (*Il Codice degli Ebook*).

Come puoi prendere spunto dalla mia esperienza? Puoi creare anche tu un piccolo Report o delle semplici lezioni a cadenza settimanale che trattino in modo specifico alcuni punti importanti relativi al tuo Argomento o al tuo Mercato.

Se ci pensi bene ogni singola strategia di marketing può essere suddivisa in lezioni e illustrata in maniera completa ed efficace attraverso la newsletter. Ogni volta che i tuoi iscritti riceveranno la tua email, impareranno qualcosa di nuovo e utile e te ne saranno grati, perché ciò permetterà loro di cominciare a "Camminare con le loro gambe" iniziando così a costruire qualcosa di concreto che creerà un grande senso di soddisfazione.
Lo stesso discorso vale se il tuo settore di mercato appartiene a un'altra categoria, qualunque essa sia. Raccogli informazioni

riguardanti il tuo settore o un aspetto del tuo settore e preparale per i tuoi iscritti. Vendi Scarpe? Perché non pubblicare una serie di Lezioni su come camminare bene? Vendi solamente un prodotto? Nessun problema, qualsiasi prodotto tu venda sia esso fisico o digitale, si porta dietro una "Valanga" di informazioni attinenti.

Qualcuno ha pubblicato una testimonianza dopo aver acquistato il tuo prodotto? Bene, è un'informazione utile. In rete sono reperibili recensioni di altri clienti, confronti e paragoni verso prodotti della stessa categoria?

Ottimo, impara ad archiviare tutte queste informazioni ed elaborare poi del contenuto utile da inviare a tutti coloro che mostrano interesse verso il tuo prodotto e che lo hanno dimostrato iscrivendosi alla tua newsletter. Ogni iscritto desidera sentirsi "Privilegiato" rispetto ai non iscritti, farli sentire tali è una tua responsabilità che puoi assolvere non solo con proposte commerciali vantaggiose, ma soprattutto fornendo loro utili informazioni prima che i "Non Privilegiati" possano conoscerle.

SEGRETO n. 4: invia ai tuoi Iscritti Contenuti Speciali sotto forma di Report o Lezioni Gratuite via email.

Il fatto di "Sapere prima" e di poterlo fare grazie al fatto che sono iscritti alla tua mailing list crea un senso di aspettativa e contribuisce notevolmente al rafforzamento del rapporto di fiducia. Oltre a costruire una Relazione di fiducia, per essere veramente efficace attraverso la tua mailing list, devi saper costruire una **Relazione Comune** con i tuoi iscritti. Cosa significa?

Vuol dire che attraverso la tua Newsletter i bisogni e gli interessi dei tuoi iscritti divengono comuni ai tuoi interessi. Questo lo puoi fare avendo bene in mente uno specifico argomento da trattare nelle tue Newsletter e grazie all'argomento puoi prevedere quelli che saranno i bisogni e gli interessi della maggior parte dei tuoi iscritti, prevedere quali prodotti o servizi potrebbero motivare un loro acquisto e quali invece non riscontrerebbero successo. Quindi il **tema** è la caratteristica principale che la tua mailing list deve rispecchiare. Non importa quanto sia vasto l'argomento che deciderai di trattare, l'importante è che ogni lettore della tua newsletter sia in grado di isolarne e comprenderne il tema principale e che il contenuto della newsletter stessa sia sempre in armonia col tema.

SEGRETO n. 5: la Caratteristica principale della tua Newsletter dovrà essere il Tema, in modo che i Lettori possano isolare facilmente il Punto che vuoi trasmettere.

È inoltre importante delineare un **Obiettivo** ogni volta che invii una newsletter ai tuoi iscritti. Se chi si è iscritto vuole imparare a fare una determinata cosa in relazione al tuo argomento principale, devi metterlo in condizione di arrivare all'obiettivo finale. Quindi ogni email inviata deve identificare, motivare e invogliare il raggiungimento di un obiettivo, fornendo del contenuto utile a tale scopo. Se per esempio il tuo argomento tratta come creare delle pagine di vendita efficaci, puoi inviare delle newsletter settimanali includendo in ognuna di esse delle informazioni preziose al riguardo. Identifica l'obiettivo con frasi come queste: «Grazie a questa seconda lezione potrai anche tu imparare a utilizzare efficacemente i colori nelle tue pagine di vendita al fine di aumentare sensibilmente le tue conversioni…».

L'obiettivo e il tema è identificato e il tuo iscritto è invogliato a intraprendere due azioni importanti:

1) leggere con attenzione tutto il contenuto della tua newsletter;
2) imparare a creare delle pagine di vendita efficaci.

Ecco che le informazioni contenute nel tuo messaggio email aiuteranno il lettore e gli permetteranno di avvicinarsi sempre di più al raggiungimento dell'obiettivo finale: **Creare delle Pagine di Vendita efficaci.** Questo metodo creerà aspettativa e il tuo iscritto attenderà con ansia il tuo messaggio contenente la lezione successiva. Tieni presente che queste emozioni generate motivano il tuo iscritto e lo spingono a essere disponibile senza riserve all'acquisto di un tuo prodotto a pagamento attinente al raggiungimento dell'obiettivo finale. Ecco perché è importante essere disposti prima a "Dare" ai tuoi iscritti. È necessario che i contenuti della tua newsletter infondano fiducia, aspettativa, motivazione e spingano all'azione.

Tutte queste prerogative ti metteranno poi in condizione di "Chiedere" ai tuoi iscritti, inviare proposte commerciali, offerte speciali e proporre l'acquisto dei tuoi prodotti. Ciò ovviamente non significa che la tua newsletter debba venire meno allo scopo per cui è stata creata. Quando, infatti, i migliori Internet Marketer statunitensi gridarono all'unisono la frase: «I Soldi sono nella lista», avevano pienamente ragione, la newsletter è uno degli strumenti più efficaci per incrementare vendite e guadagni.

SEGRETO n. 6: ogni email inviata deve identificare, motivare e invogliare il raggiungimento di un obiettivo, fornendo del contenuto utile a tale scopo.

Abbiamo finora parlato dell'invio di messaggi ai tuoi iscritti che ti permettono di raggiungere il primo obiettivo: "**Dare" per costruire una lista fidelizzata.** Ma ora è arrivato il momento di parlare del secondo obiettivo: "**Chiedere" e "Ricevere".** Questa fase è delicata quanto la prima, e prima di inviare un'email commerciale ai tuoi iscritti devi considerare alcuni fattori importanti. Iniziamo a considerare questi fattori, per poi addentrarci nelle strategie avanzate illustrate nel prossimo capitolo. Prima di tutto l'email contenente un messaggio commerciale deve essere inviata solamente dopo aver fornito ai tuoi iscritti risorse utili al raggiungimento dei loro obiettivi, e deve seguirne il filo logico del ragionamento. Per esempio, se hai inviato una serie di newsletter informative con il chiaro obiettivo di aiutare i tuoi iscritti a creare delle Pagine di Vendita efficaci, l'email commerciale che preparerai deve avere una diretta relazione con le informazioni che i tuoi iscritti hanno ricevuto.

Non sarai efficace se, dopo aver inviato e messo in evidenza informazioni preziose sulle pagine di vendita efficaci, poi proponi l'acquisto di un prodotto o servizio che non abbia nulla a che fare con la creazione di pagine di vendita efficaci.

Ricordi di cosa ti ho parlato prima? I contenuti gratuiti della tua newsletter infondono fiducia, aspettativa, motivazione e spingono il tuo iscritto all'azione. Ora la tua proposta commerciale deve metterlo in condizione di agire subito! Quindi se riprendiamo l'esempio iniziale, dopo aver ricevuto le risorse gratuite che gli hanno permesso di imparare qualcosa di importante, potresti inviare un'offerta relativa a un pacchetto di modelli già pronti di pagine di vendita, un software per creare delle cover professionali, oppure una serie di soluzioni grafiche di grande impatto.

Dopo questa newsletter commerciale, puoi decidere di chiudere questa campagna e riaprirne una nuova basata su un altro argomento correlato al tuo business. Per esempio, dopo aver concluso una campagna promozionale relativa all'argomento "Come creare pagine di vendita efficaci", puoi cominciare una nuova campagna trattando l'argomento "Come creare una Mailing-List efficace".

Il metodo è sempre lo stesso, inizi con risorse gratuite sull'argomento e concludi con la proposta commerciale che in questo caso potrebbe essere la vendita di un servizio di Autorisponditore, un software analogo, oppure l'acquisto di un manuale che tratta le strategie avanzate.

SEGRETO n. 7: quando invierai Proposte Commerciali, assicurati che il tuo Prodotto sia attinente al Tema che hai trattato fino a ora con i tuoi Iscritti.

La durata stessa della campagna promozionale può variare in base al metodo usato per fornire le risorse gratuite, che puoi decidere di inviare a cadenza giornaliera, settimanale o mensile. Ad ogni modo tieni presente che in genere una newsletter efficace è quella che mantiene il limite di due messaggi settimanali, oppure un messaggio ogni tre giorni. Superare questa soglia è possibile solo quando sei sicuro che la maggior parte dei tuoi iscritti rientrino nella categoria "Fidelizzati", altrimenti il rischio è che diversi si cancellino.

Sulla base di ciò, in fase iniziale, ti consiglio vivamente di non oltrepassare la soglia del messaggio ogni Settimana. Come dovrebbe essere strutturato il messaggio commerciale che invierai a conclusione della tua campagna? Se provi a immedesimarti nel tuo iscritto, puoi trovare anche da solo la risposta a questa domanda. Andiamo per ordine…

Il tuo iscritto ha già ricevuto dei messaggi informativi e delle informazioni preziose che hanno generato in lui un'emozione e conseguentemente questa Persona è motivata e determinata a raggiungere il suo obiettivo. Il fatto che ora tu gli proponga l'acquisto di un prodotto o servizio inerente al raggiungimento del suo obiettivo non fa altro che accrescere la motivazione dell'iscritto. Quindi, anche se nei fatti la tua newsletter è passata dalla fase "Gratuita" a quella "a Pagamento", non ha un effetto negativo sull'iscritto che è realmente interessato all'argomento, ma viene percepito come qualcosa di importante e necessario al raggiungimento dell'obiettivo finale.

Quindi, il fatto che ora (e soltanto ora) chiedi qualcosa ai tuoi iscritti è perfettamente in sintonia con l'atteggiamento mentale degli iscritti stessi. Ovviamente questa newsletter deve fare leva su tre aspetti:

1) caratteristiche del prodotto;
2) benefici del prodotto;
3) benefici della tua offerta.

Nella **prima parte** puoi descrivere le caratteristiche salienti del prodotto o servizio che proponi dando il giusto risalto al fatto che le caratteristiche stesse permetteranno al tuo iscritto di applicare quello che ha imparato e raggiungere il suo obiettivo. Nella **seconda parte** devi ulteriormente motivare l'iscritto descrivendo i benefici del prodotto e il modo in cui potrà cambiare qualche aspetto della sua vita. Ricorda che ognuno di noi è disposto a imparare qualcosa magari investendo del denaro per averne riscontro nella vita di ogni giorno, ed è buona cosa che questo concetto sia ribadito quando parli dei benefici del tuo prodotto.

Arriviamo ora alla **terza parte** della nostra email commerciale, quella che descrive i benefici della tua offerta. Ciò lascia intendere che la tua offerta deve essere effettivamente allettante per il tuo iscritto. Ricorda sempre che ogni iscritto si aspetta di essere trattato diversamente da un comune visitatore del tuo sito web.

Se proporrai l'acquisto di un tuo prodotto alle stesse condizioni esposte nella pagina di vendita non farai altro che deludere il tuo iscritto e la sua reazione potrebbe anche essere la peggiore: la cancellazione dalla tua lista. Ragiona un attimo su questa domanda: «Che beneficio ho a essere un iscritto "fedele" se poi non posso usufruire di condizioni di vendita speciali?»

Allora pianifica offerte particolari per i tuoi iscritti, fornendo una percentuale di sconto sull'acquisto del prodotto, oppure un bonus aggiuntivo dedicato esclusivamente a loro. La cosa più importante è quella di dire chiaramente che stai riservando loro un trattamento speciale grazie al fatto che sono tuoi iscritti e tu li apprezzi per questo.

«Per ringraziarti del fatto che sei un mio fedele iscritto ho riservato per te quest'offerta speciale».

«Questo prezzo è riservato esclusivamente ai miei iscritti».

«Ho deciso di applicare uno sconto speciale per te che sei iscritto alla mia mailing list».

Queste sono alcune frasi tipo che demarcano ulteriormente gli aspetti fondamentali che ti permetteranno di comunicare in maniera efficace con i tuoi iscritti. Ovviamente l'email commerciale è anche quella più "Strategica" e può essere utilizzata insieme alle tecniche di marketing più comuni come le OTO (offerte a tempo Limitato) oppure puoi decidere di regalare un prodotto se i tuoi iscritti ne acquisteranno uno a prezzo pieno, ci sono moltissime possibilità di presentare un'offerta in maniera diversa, ma di questo parleremo più avanti.

SEGRETO n. 8: nelle tue email Commerciali dovrai informare i tuoi Iscritti su quello che riguarda il Prodotto e dedicare loro un'Offerta Speciale.

Ho dimenticato di dirti una cosa importante: Ricordi la mia esperienza riguardo le newsletter alle quali avevo deciso di iscrivermi? Be', c'è un aspetto importante che ti porterà sicuramente a riflettere. All'epoca ero molto interessato all'argomento riguardante il business online e come creare un'attività su Internet; è stato proprio l'argomento a spingermi all'iscrizione, ma quando iniziarono ad arrivarmi i messaggi email riguardanti l'argomento a cui ero interessato, iniziavo a sentire il bisogno di comunicare direttamente con chi mi inviava le newsletter.

Mi interessava poter sapere qualcosa di più riguardo la loro esperienza, il loro modo di lavorare e fattori che permettevano di portare avanti il loro business. Purtroppo, però, la maggior parte di quei Marketer sembravano non essere disposti alla comunicazione diretta.

Questo creò un senso di delusione in me e poco dopo cancellai la mia iscrizione. Vedi, il concetto secondo cui alla gente non importa niente di chi sei e di quello che fai non è assolutamente vero! Se qualcuno si è iscritto alla tua lista, significa che è interessato al tuo lavoro, significa anche che è interessato a te come persona e ai tuoi metodi. I tuoi iscritti ti studiano, cercano di capire le tue tattiche, il tuo modo di lavorare, il tuo modo di comunicare.

D'altro canto è giusto che sia così, io stesso ho usato questo sistema per imparare a destreggiarmi in rete e a concretizzare qualcosa in maniera efficace, ma se sono riuscito a far questo è stato anche grazie al fatto che alcuni di quei Venditori che mi inviavano i loro Messaggi email di tanto in tanto mi parlavano di loro, del loro lavoro, degli sforzi che stavano facendo per portarlo a termine e dei loro progetti.

Alcuni mi invitarono addirittura alla partecipazione attiva, chiedendomi esplicitamente di rispondere al loro messaggio e di descrivere un po' il mio lavoro, parlare dei miei interessi e di quali obiettivi mi sarebbe piaciuto portare a termine in breve tempo. Questo per me fu molto importante, perché capii che dietro quelle newsletter non c'era solo un autorisponditore o una sorta di robot digitale che inviava messaggi. Dietro ogni newsletter c'è un contatto umano, un punto di riferimento in carne e ossa, pronto a venire incontro alle più disparate esigenze del lettore. Capisci l'importanza di questo? Quindi programma periodicamente l'invio di un messaggio ai tuoi iscritti che li inviti alla partecipazione attiva. Parla del lavoro che sta svolgendo, delle migliorie che intendi portare, o dei nuovi progetti che intendi realizzare. Invitali a esprimersi e a raccontare le loro esperienze. Questo metodo diretto, oltre ad aggiungere valore alla tua immagine professionale, rafforza ulteriormente il rapporto di fiducia che c'è fra te e il tuo iscritto.

Costruisci questo legame già dall'inizio, cioè dal messaggio di benvenuto che riceverà l'iscritto subito dopo aver compilato e inviato il form. Come? Semplice, dopo aver ringraziato e fornito eventuali link per download, puoi inserire un contenuto simile a questo che ti riporto come esempio:

[...] Ora, se ti va, vorrei conoscerti meglio e capire le tue preferenze, cosa ti ha spinto a iscriverti alla mia mailing-list:
1) Qual è il tuo Obiettivo? Cosa Cercavi Navigando sul Sito?
2) Cosa ne pensi dei prodotti/servizi che metto a disposizione sul mio sito?

3) Quali sono le cose che vorresti nel Campo del (argomento target) e che finora non hai visto?

Tre Semplici Domande, alle quali potrai rispondere inviandomi semplicemente una email di Risposta a questa. Lo so, forse la cosa ti stupisce, sono pochi i Venditori o le Newsletter che si preoccupano di Conoscere meglio i propri Iscritti o che accettano addirittura email di risposta, ma per me non è così e se hai qualche domanda da fare io e il mio staff siamo sempre disponibili!
A presto

Tieni presente che questo Messaggio è molto simile a quello che IO stesso utilizzo nella mia newsletter. Ora prova un attimo a immaginare cosa prova un iscritto quando riceve questa email di benvenuto. In questa email traspare professionalità, disponibilità, voglia di dare qualcosa piuttosto che ricevere soltanto, voglia di comunicare, interagire. Il 99,9% degli iscritti esprimeranno dentro di sé la loro soddisfazione e parleranno bene di te ad almeno cinque altre persone. L'email di esempio riporta la frase: «Lo so, forse la cosa ti stupisce, sono pochi i Venditori o le Newsletter che si preoccupano di Conoscere meglio i propri Iscritti o che accettano addirittura email di risposta» e questo è vero, te lo posso assicurare! Non sono molti i Marketer che attribuiscono la giusta importanza all'interagire con i propri iscritti, commettendo un grave errore. Ripeto, queste non sono solo Tecniche teoriche, io stesso utilizzo un Messaggio di Benvenuto molto simile che mi ha permesso di avere una Mailing List molto Fidelizzata, fatta di Persone che difficilmente si cancellano dopo aver ricevuto i miei Messaggi, anche Commerciali.

SEGRETO n. 9: invia un Messaggio di Benvenuto che sia più interattivo possibile, facendo delle Domande a chi si iscrive e accettando eventuali Risposte.

Ogni iscritto deve vedere la tua figura dietro ogni email, una figura umana disposta a leggere le sue impressioni, una cosa totalmente differente dal ricevere fredde email robotizzate magari preparate mesi prima dal gestore della newsletter che poi ne ha programmato l'invio automatico. Del resto prova a riflettere sulle emozioni differenti che sorgono dentro di te quando parli al telefono con un addetto al call center, piuttosto che ascoltare la voce guida registrata di un operatore e confermare le opzioni con il tasto "Cancelletto". Relazionarsi con la gente ha sempre aperto la strada verso situazioni positive in ogni settore! Allora distinguiti rispetto ai tuoi concorrenti e lascia subito una buona impressione di te, del tuo lavoro e dei tuoi progetti. Il primo passo verso una relazione consolidata parte proprio dal primo messaggio di benvenuto, come hai visto nell'esempio che ti ho mostrato.

Tieni presente che questo è uno degli aspetti più importanti, anche per quanto riguarda il Marketing in generale. Hai mai sentito parlare delle "Prime Impressioni"? In uno dei suoi ebook intitolato *La Mappa non è il Territorio*, Giacomo Bruno dimostra che **in PNL il Primo impatto con una Persona è decisivo per potersi poi rapportare con essa**. Questo perché, per natura, tendiamo a decidere in maniera quasi definitiva in base a un numero veramente limitato di Informazioni che abbiamo in un piccolo lasso di Tempo. Questo è del tutto vero, in effetti anche solo in pochi minuti con una prima impressione ci facciamo un quadro completo di una Persona, anche se questo non corrisponde alla realtà Oggettiva dei Fatti. Ad esempio, decidiamo con un'Intervista o un Programma Televisivo se un Politico ha le nostre stesse Idee e i nostri interessi, anche se magari assume delle Decisioni non proprio etiche o forse si contraddice. Eppure non abbiamo mai avuto a che fare realmente con quella Persona, ma questo (secondo la nostra Mente) non ha importanza, in quel momento ci siamo fatti un'idea ben precisa e difficilmente cambierà, anche se quel Politico magari dovesse per assurdo venire indagato per delle Azioni Illegali, noi lo vedremmo automaticamente innocente.

Una volta formulato il Primo Giudizio **continueremo a vedere quella Persona in maniera NON Obiettiva**, con gli Occhi della nostra Mente. Questa caratteristica ovviamente non ha a che fare solo con il Marketing, ma è uno dei Pilastri della Comunicazione e della Programmazione Neuro-Linguistica. Tuttavia, la cosa interessante è che una volta formulato un Giudizio, anche se errato, non torneremo indietro.

Quante volte il nostro Orgoglio (o quello magari del nostro Datore di Lavoro) ha impedito di ammettere uno Sbaglio? Il primo Giudizio è talmente potente che siamo in grado anche di distorcere la Realtà, ma di non accettare qualcosa di lampante. Un altro esempio? Hai presente lo "Speed Dating"? Sicuramente lo hai visto in qualche Film, come ad esempio quello di Verdone.

Si tratta del Classico Appuntamento Lampo. In un Locale con Centinaia di Persone, le Donne si siedono ai Tavoli e gli Uomini ruotano intorno e si fermano a conversare per non più di cinque Minuti con il possibile Partner. Forse pensavi che si trattasse solo un'Invenzione Cinematografica, invece non è così, in America questo fenomeno è diffusissimo e non solo tra i Giovani. Ti sembrerà assurdo, probabilmente, come Metodo di approccio, di Seduzione o anche di Conoscenza, ma il Successo che ha riscontrato dovrebbe farti capire ancora una volta quanto conta per le Persone la loro prima Impressione.

Cosa c’entra questo con la tua Newsletter? C’entra perché, come avrai ormai capito, lavorando totalmente Online hai la possibilità di dare una tua prima Impressione, che non avverrà con la Grafica del tuo Sito Web, piuttosto che il Logo o lo Slogan dei tuoi Annunci, ma con il primo “Contatto” che istauri con il tuo potenziale Cliente. E quale Metodo migliore di instaurare questo Contatto, se non con i tuoi Messaggi email?

Il Messaggio di Benvenuto che preparerai sarà un po’ il tuo “Speed Date” con il Cliente.

Nei pochi Minuti che il Neo-Iscritto impiegherà a leggere il tuo primo Messaggio deciderà se ai suoi occhi sei Credibile, deciderà se al prossimo Messaggio si cancellerà o acquisterà un tuo Prodotto, addirittura in cuor suo potrebbe già decidere se ti chiederà un Rimborso dopo averlo acquisto o se si riterrà soddisfatto. Capisci quindi quanto sia importante questo aspetto? È la tua occasione per dare una prima Buona Impressione agli occhi dei tuoi Iscritti e non devi assolutamente fallire!

Ovviamente, però, una buona Prima Impressione potrebbe non bastare per fidelizzare i tuoi Iscritti. Dopotutto sarà difficile che la maggioranza degli iscritti acquisti i tuoi Prodotti dopo soltanto uno o due Messaggi che invierai, ma **sarà NEL TEMPO che dovrai conquistarli**, inviando sempre Contenuti interessanti, di Qualità, che rafforzeranno la tua Credibilità nei loro confronti e in qualche modo giustificheranno nella Mente dei tuoi Clienti il motivo per cui hanno deciso di seguirti.

Far questo non è certo automatico; hai bisogno di Contenuti sempre nuovi, di Qualità, ed espressi in un certo modo. In questo ebook stai imparando le migliori Tecniche e Teorie di Marketing, applicate alla Newsletter, per poter Vendere su Internet i tuoi Prodotti, o i Prodotti di altri tramite Affiliazione.

Ora continueremo nel nostro Percorso, andremo ancora più nel dettaglio, per scoprire non solo **COME creare Contenuti**

interessanti per la tua Newsletter, ma anche come gestire la tua Lista di Contatti.

RIEPILOGO DEL CAPITOLO 2:

- SEGRETO n. 1: il Segreto per fidelizzare gli Iscritti della tua Newsletter è quello di curare il Contenuto dei Messaggi che invierai.
- SEGRETO n. 2: il giusto approccio verso i tuoi Iscritti non è quello di chiedere qualcosa, ma di DARE.
- SEGRETO n. 3: fai una Ricerca accurata su Internet per cercare e selezionare tutte le Informazioni inerenti al tuo Interesse, che potrebbero interessare i tuoi Iscritti.
- SEGRETO n. 4: invia ai tuoi Iscritti Contenuti Speciali sotto forma di Report o Lezioni Gratuite via email.
- SEGRETO n. 5: la Caratteristica principale della tua Newsletter dovrà essere il Tema, in modo che i Lettori possano isolare facilmente il Punto che vuoi trasmettere.
- SEGRETO n. 6: ogni email inviata deve identificare, motivare e invogliare il raggiungimento di un obiettivo, fornendo del contenuto utile a tale scopo.
- SEGRETO n. 7: quando invierai Proposte Commerciali, assicurati che il tuo Prodotto sia attinente al Tema che hai trattato fino a ora con i tuoi Iscritti.

- SEGRETO n. 8: nelle tue email Commerciali dovrai informare i tuoi Iscritti su quello che riguarda il Prodotto e dedicare loro un'Offerta Speciale.
- SEGRETO n. 9: invia un Messaggio di Benvenuto che sia più interattivo possibile, facendo delle Domande a chi si iscrive e accettando eventuali Risposte.

GIORNO 3:
Come creare dei Contenuti Interessanti

Seth Godin, Autore di Squiddo e tra i Massimi esperti di Marketing del Mondo, dice:

«Non ripetere solo i Fatti.
Racconta una Storia.

Raccontala con Passione
e in tanti saranno disposti a crederci»

Cosa significa questo? È molto semplice: sin dalla Storia dell'Uomo sentiamo il bisogno di raccontare Storie, vere o false che siano, per diffondere le nostre Idee. Tutto questo, dire che il Marketing è basato su delle Storie, non vuol essere ovviamente un incitamento a mentire o a essere poco Etici. Semplicemente, come afferma anche Seth Godin, il Marketing ha perfezionato questa capacità di Comunicazione e oggi dobbiamo sfruttarla appieno se vogliamo avere successo nella nostra Attività.

Un po' come abbiamo detto inizialmente, tramite il Marketing raccontiamo delle Storie per creare nella Mente del Cliente un Bisogno. Molto spesso sono i Consumatori stessi che hanno il Bisogno di sentirle raccontare, di sapere come vivere meglio, di quale Prodotto nuovo non possono fare a meno e di come godersi di più la Vita.

Il Marketing non fa altro che adattare queste esigenze raccontando delle Storie. Ecco perché, se hai una tua Attività Online, fare Marketing tramite una Newsletter è importante: hai la possibilità non solo di farti conoscere (quello lo puoi fare anche con un normale Sito Web) e di raccontare dei FATTI (cioè chi sei e cosa fai), ma anche le tue STORIE (cioè raccontare perché i tuoi Clienti non possono fare a meno di te e dei tuoi Prodotti). È QUESTO che fa la Differenza tra chi ha Successo in un Determinato Settore e chi invece è un normale inseguitore. Ti faccio un esempio. Recentemente è uscito un nuovo Modello di Telefonino Smartphone, però con dei difetti abbastanza importanti. Te ne elenco solo alcuni, perché sono veramente tanti:

1. Ha una fotocamera da soli 2 megapixel e **non si possono registrare video clip.**

2. **Non supporta Flash** e non è quindi in grado di mostrare molti siti.
3. **Non si possono guardare *tutti* i video di YouTube**.
4. Non **supporta le CHAT,** se non con alcune Applicazioni.
5. La **musica non può essere ascoltata in stereo con le cuffie Bluetooth.**
6. **Non è possibile caricare programmi esterni**, ma solo eventuali programmi approvati, tutti a Pagamento.
7. **Non ha alcun gioco** e non è compatibile con nessun Gioco esistente per Cellulari.
8. Non **è possibile personalizzare le suonerie usando Mp3.**
9. **Non sono previsti comandi vocali**, nemmeno per comporre un numero.
10. **Non si possono inviare foto/immagini ad altri cellulari usando gli MMS.**
11. **Non si può usare come un modem**, come si può invece fare con altri cellulari.

Onestamente, acquisteresti un Telefono del genere, tenuto conto che al suo Lancio costava più di 600 €, e che ha moltissime limitazioni?

Ovviamente NO!

Eppure, riesci a immaginare di quale Smartphone stiamo parlando? Forse non lo avresti mai immaginato, ma ti ho descritto **l'iPhone**, il Cellulare di Casa Apple, l'Oggetto del desiderio di Milioni di Persone di tutto il Mondo (forse anche il tuo).

Ti sei mai chiesto, allora, perché questo Gadget ha avuto tanto successo? Sarà davvero per la sua Interfaccia innovativa, con la Tecnologia Touch Screen? Forse per il Design futuristico? O magari per la lunga Durata della Batteria? Ovviamente l'iPhone ha altre tante caratteristiche e non voglio fare ora una Recensione, negativa o positiva che sia, ma il punto è un altro, perché con tutta probabilità un altro Modello di Cellulare con le stesse Caratteristiche, le stesse innovazioni, ma anche gli stessi difetti, non avrebbe avuto tanto riscontro. La realtà dunque è un'altra: **l'iPhone non ha avuto tanto successo per merito suo, ma perché la Storia che ha raccontato la Apple, prima e dopo la sua uscita, è stata convincente**.

Probabilmente, infatti, nessun altro Modello di Cellulare è stato tanto aspettato, recensito e desiderato. È stato creato un alone di mistero attorno ad esso, tanto da farcelo desiderare a prescindere dalle sue funzionalità.

Probabilmente è anche servita la Storia che ci ha raccontato la Apple sulla sua innovazione, sul fatto che avere un iPhone sia sinonimo di Successo e che quindi non si potesse fare a meno di averlo, anche solo per dimostrare agli altri che siamo stati i primi a possederne uno.

iPhone 3G

Non perdere l'occasione di essere tra i primi ad averlo.

Sarà servita anche la Storia che circolava appena dopo la sua uscita circa l'esaurimento delle Scorte MONDIALI, dovuto alle tante Vendite in tutto il Globo. Lo stesso sito Ufficiale di Apple riportava infatti la dicitura *Currently Unavaible*.

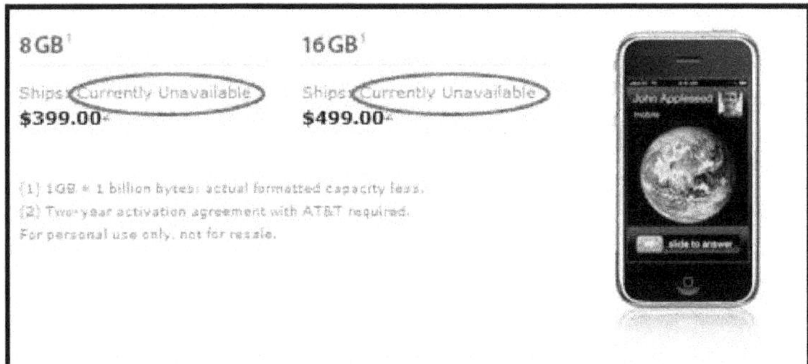

Dopotutto, se tante Persone lo avranno acquistato, ci sarà un Motivo, no? Guarda questa vignetta che circolava su Internet pochi mesi prima dell'uscita dell'iPhone in Italia.

Non è un'esagerazione, in effetti i pochi "*fortunati*" che possedevano un iPhone prima ancora della sua uscita ufficiale qui da noi erano tra le Persone più invidiate del Momento. Diciamoci la Verità, non è forse questo uno dei Motivi che più ci spinge verso un acquisto? Poter esibire quello che acquistiamo è un po' come prendersi uno Spazio tutto per noi, dove possiamo attirare l'attenzione dei nostri Amici e Conoscenti e concederci un piccolo Momento di notorietà.

Pensa, è stato scritto addirittura un Libro sull'iPhone il cui Titolo ben indica il momento di Notorietà che questo Cellulare si è saputo creare.

C'è un'ultima domanda che voglio farti per dimostrare questa Teoria sul Marketing relativa all'iPhone, che dopo applicheremo al nostro caso. **Tu hai acquistato un iPhone? Lo desideri da Tempo? È tra i tuoi prossimi Obiettivi?** Allora sono sicuro che tutto ciò che ho scritto **NON è bastato a convincerti, sono sicuro che NON sei d'accordo con me** e che vedi ancora l'iPhone come un Oggetto straordinario, fosse solo perché **praticamente TUTTI lo definiscono tale**. Ho ragione a pensarla così, non è vero?

Sai perché accade questo? Per la Ragione che ho citato prima: una volta acquisita una Convinzione, sarà difficile estirparla dalla nostra Mente, se non con delle specifiche Tecniche, che tra l'altro proprio la PNL ci aiuta a sviluppare. Questo perché spesso è il nostro Orgoglio a vincere. Se ci siamo convinti che questo Oggetto è davvero il migliore che ci sia in circolazione, magari tanto da acquistarlo, allora per noi è così, punto! Poco importa dei suoi difetti, del Prezzo elevato e delle Limitazioni.

Credi che questo sia un aspetto negativo della nostra Mente? Forse sì, ma **la cosa importante è riuscire a SFRUTTARE questo meccanismo mentale** per far leva sui nostri Iscritti alla Newsletter. Ho voluto citarti in maniera approfondita come Caso di Studio l'iPhone per farti capire l'importanza di **raccontare una STORIA ai tuoi Lettori**, una Storia che sia Convincente, talmente tanto che i Lettori diverranno Clienti, si creeranno una

Convinzione positiva su di te o sui tuoi prodotti, tanto da esserne "assuefatti", da non avere occhi che per te. Sarebbe davvero fantastico, non è vero?

Se sei arrivato a questo punto della lettura dell'ebook hai già compreso un fattore fondamentale per fare Marketing attraverso la Newsletter e senz'altro sei in grado di dare una risposta alla seguente domanda: quale fattore determina se un iscritto continuerà a rimanere tale anche in futuro? La risposta è semplice e non lascia spazio all'immaginazione:

SEGRETO n. 1: se l'iscritto troverà la tua Storia interessante, comincerà a fidarsi veramente di te e considerarti un punto di riferimento importante.

Nel nostro caso la Storia non è altro che i Contenuti dei tuoi Messaggi email. Se i tuoi contenuti non saranno interessanti, l'iscritto sarà portato a cercare altrove quello che non trova nelle tue newsletter e non appena lo troverà (forse anche prima) ti abbandonerà, cancellandosi dalla tua lista. E... possiamo dargli torto? Certamente no. Ecco perché fornire dei contenuti di qualità è un requisito determinante per creare e gestire una newsletter con successo: ti posso assicurare che non è necessario avere chissà quali capacità o conoscenze per creare qualcosa di veramente valido.

Tutto ciò di cui hai bisogno per creare dei contenuti di qualità è un'ampia raccolta di informazioni utili su argomenti di tua scelta, possibilmente attinenti al tema principale della tua newsletter che poi è l'argomento target del tuo business, informazioni che possono benissimo presentarsi sotto forma di esperienze, recensioni, articoli, corsi o minicorsi, brevi guide in "Pillole", ma anche semplicemente considerazioni basate su ragionamenti e tutto quello che può offrire idee, guida e utilità in generale.

È ovvio, non tutti hanno le stesse capacità in termini di scrittura e creatività, ma una cosa è certa: **se vogliamo, siamo tutti in grado di fare delle ricerche per raccogliere informazioni, soprattutto oggi che viviamo in questa nuova generazione web chiamata 2.0, dove la condivisione è l'elemento principale su cui si basa la moderna rete internet**. Oggi basta semplicemente digitare nella barra degli indirizzi del tuo browser www.google.it per accedere a una quantità di informazioni veramente impressionante, basta cercare usando le parole chiave di nostro interesse e il gioco è fatto.

Quindi se sei, per così dire, a "Corto" di idee, effettua le tue ricerche sfruttando la potenza di Google, raccogli tutte le informazioni attinenti con il tuo Business e raggruppale in una cartella, assicurandoti di avere abbastanza informazioni per creare diversi articoli da inviare ai tuoi iscritti.

Ora arriva il momento di creare **il TUO contenuto**, la tua Storia. Come puoi fare? Sicuramente non farai un "Copia e Incolla" prendendo il materiale direttamente dalle pagine che hai salvato e archiviato. Copiare il lavoro di altri oltre che non essere lecito, è anche denigrante per la tua immagine di professionista. Puoi, però, prendere spunto dalle informazioni che hai, elaborarne il contenuto per creare qualcosa di tuo, personalizzandolo per la Storia che vuoi raccontare, quindi creando un Bisogno da soddisfare o un Obiettivo da realizzare agli occhi dei tuoi Iscritti. Oppure puoi riportare le frasi esatte dell'autore, citandone il Nome e poi presentare le tue considerazioni personali riguardo quell'articolo, collegando l'argomento al tuo business oppure a uno dei problemi che possono sorgere nel settore di mercato di cui ti occupi. Anche una semplice notizia presa da un quotidiano o ascoltata al telegiornale può essere fonte di considerazioni interessanti da parte tua, contenuto che può risultare interessante anche per i tuoi iscritti.

SEGRETO n. 2: fai delle ricerche su Internet per trovare dei Contenuti interessanti sui quali basarti per creare la tua Storia di Marketing.

Sostanzialmente, se raccogli delle informazioni utili e interessanti attraverso la rete e vuoi crearne degli articoli per la tua newsletter, metà del lavoro è già completo, nel senso che la "Qualità" te la ritroverai subito grazie alle informazioni reperite e archiviate, tu dovrai solamente creare l'articolo con parole tue e il tuo modo di esprimerti che alla fine non fa altro che identificare quello che sarà il tuo "Stile".

Ma quello che finora hai letto riguardo allo scrivere articoli interessanti da includere nella tua newsletter è sempre e comunque subordinato a un altro fattore chiave: **devi capire cosa interessa realmente ai tuoi iscritti.**

Ecco perché nel capitolo precedente ti ho parlato di impostare le tue newsletter in modo da favorire lo scambio di opinioni e conversazione con i tuoi iscritti e non una semplice email "Robotizzata" che non lascia spazio ad alternative. Se non dai la possibilità ad ogni iscritto di replicare, di esprimersi, come potrai capire quali sono i suoi interessi, quali sono i suoi bisogni in determinate circostanze o periodi di tempo? Come potrai creare contenuti adatti alle esigenze dei tuoi iscritti? Se vuoi realmente capire cosa interessa ai tuoi iscritti **Chiediglielo!**

1) *Qual è il tuo Obiettivo? Cosa Cercavi Navigando sul Sito?*
2) *Cosa ne pensi dei prodotti/servizi che metto a disposizione sul mio sito?*
3) *Quali sono le cose che vorresti nel Campo del (argomento target) e che finora non hai visto?*

SEGRETO n. 3: chiedi ai tuoi Iscritti quali sono i loro Interessi.

Ho ripreso le tre domande di esempio riportate nel capitolo precedente proprio per aiutarti a capire il concetto fondamentale. Oltre a favorire la costruzione di un solido rapporto di fiducia, ti permettono in maniera chiara di raccogliere informazioni preziose, riguardartele con calma e capire quali sono gli argomenti che ai tuoi iscritti piacerebbe approfondire e quali di questi puoi quindi includere nelle newsletter successive.

Attenzione: non è perdita di tempo, ma investimento di tempo. Meglio conoscerai i tuoi iscritti, più abile sarai nel creare Storie per loro interessanti, più fidelizzata sarà la tua lista, maggiori profitti ti porterà nel corso del tempo. Creare dei contenuti efficaci può sembrare un'impresa alquanto difficile e impegnativa, e in effetti lo diventa se non guardi la cosa dal giusto punto di vista.

Ti piace la musica? Quante varietà di musica conosci? Infinite! Eppure tutta la musica si basa esclusivamente su sette note musicali che sicuramente ben conosci. È interessante ragionare sul fatto che da queste sette note vengono poi create migliaia di composizioni musicali. Molte di queste composizioni hanno davvero successo, eppure contengono sempre quelle sette note musicali, ma forse il fatto di utilizzarle in ordine diverso e di contornarle con la creatività dell'autore fa di quella composizione un qualcosa che si differenzia dalle altre.

Be', scrivere dei contenuti efficaci può essere il risultato di un ragionamento simile. Pochi comuni argomenti da cui trarre spunto, ma se ben contornati con la tua creatività, espressi con il tuo stile possono rivelarsi davvero efficaci per creare delle Storie che riescano a catturare i tuoi Lettori.

Il segreto della Base comune

Parlare a un iscritto attraverso una newsletter non rappresenta una difficoltà, ma essere sicuri che ciò di cui si sta parlando interessi realmente l'iscritto è ben diverso.

Può essere un problema, ma è molto meno difficoltoso se impari a stabilire una base comune per le tue conversazioni. La base comune è un "Tema" centrale su cui si basa la conversazione, un tema che, indipendentemente da quello che dici, interessa il lettore.

SEGRETO n. 4: crea una Base in Comune con i tuoi Iscritti, in modo che essi possano capire che hai gli stessi interessi e le Soluzioni ai loro Problemi.

Il Lettore potrà anche non essere d'accordo su tutto quello che leggerà nella tua newsletter, ma se l'argomento trattato sarà in linea con la base comune, cioè con l'interesse comune e se la Storia che racconterai sarà convincente, l'email verrà comunque considerata come qualcosa di interessante. Consideriamo per esempio che il tema centrale della tua newsletter riguardi il guadagno online.

Il tuo iscritto probabilmente non è d'accordo su un'affermazione che legge nel tuo messaggio, ma se l'argomento trattato è ben incentrato sulla base comune, cioè il guadagno online, il risultato non sarà comunque negativo.

Questo perché avrai creato una Storia per lui Convincente, ad esempio creando la Convinzione che senza il tuo Metodo o senza le tue Strategie è veramente impossibile fare Soldi su Internet. Come vedi **i tuoi Iscritti non potranno fare a meno di TE e**

magari del tuo Prodotto, perché avrai creato dentro di loro un Bisogno, un'esigenza e l'unico modo in cui potranno soddisfarla è quello di seguire te, il tuo Lavoro o i tuoi Prodotti.

Se sei a corto di idee puoi benissimo servirti di ausili attraverso Internet. Quale posto migliore per trovare delle informazioni da cui trarre spunti interessanti se non il Web? Basta utilizzare Google come motore di ricerca, digitando nel campo di ricerca l'argomento trattato nella newsletter.

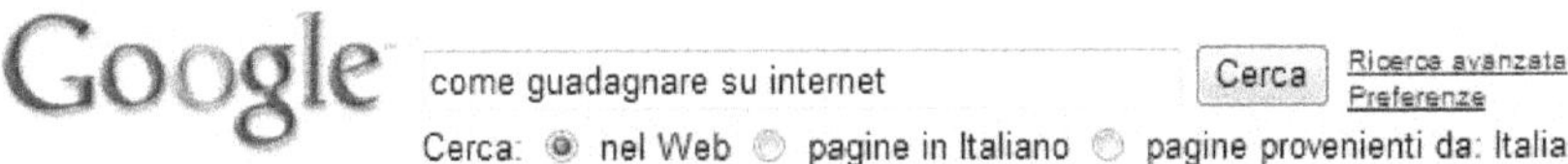

Non sai cosa trattare? Allora fai un passo avanti e dai un'occhiata al tuo catalogo prodotti, poi prendi come argomento guida il tema principale del tuo business, del tuo lavoro e di quello che proponi ed effettua ricerche attraverso google utilizzando proprio il tema principale come parola chiave.

Questo vale ovviamente anche nel caso tu abbia un'Azienda con dei Prodotti Tradizionali. Se ad esempio stai vendendo dei prodotti di Elettronica, puoi perfino sfruttare le Storie di altri (come l'esempio di Apple) per aumentare la tua Visibilità.

Cerca sempre però di metterci del tuo. Ad esempio, va bene trasmettere la Storia dell'iPhone, ma trasmetti il Messaggio che con il tuo Sito i Clienti possono ottenere gli stessi Benefici spendendo di meno. Puoi far questo con la Tecnica che abbiamo detto prima, quella cioè di riservare agli Iscritti della tua Newsletter alcuni Sconti sui tuoi Prodotti.

Troverai una marea di informazioni relative a sottoargomenti inerenti al tema principale, non ti resta che sceglierne uno che si ricolleghi a uno dei prodotti che hai a catalogo e che promuoverai nella newsletter successiva, quella commerciale. Probabilmente su Internet troverai moltissime informazioni, ma ricorda che ne bastano davvero poche per sviluppare una tua idea o concetto. Ricorda le sette note musicali e di quanto si possa creare basandosi esclusivamente su quelle.

SEGRETO n. 5: cerca su Internet qualche utile Informazione inerente alla tua Attività, per creare una Storia convincente.

Come vedi, tutto ruota attorno alla Storia che racconterai ai tuoi Iscritti. Non credere che tutto questo non ti riguardi, nel caso tu

NON abbia una tua Azienda o dei tuoi Prodotti. Vale anche se stai lavorando su Internet con i Programmi di Affiliazione. In passato ho scritto diversi Report ed ebook riguardanti questa Tematica, cioè come aumentare i propri Guadagni con un Programma di Affiliazione e i migliori Strumenti per poterla utilizzare, come ad esempio Google AdWords. **Purtroppo però, la sola Visibilità NON basta per poter fare Soldi su Internet o vendere chissà quanti Prodotti.**

Devi sempre avere una TUA Immagine, anche come Affiliato. È per questo che associo spesso la Newsletter al Marketing e le sue Storie. Ed è per questo che ti consiglio di farti una tua Newsletter anche se non hai dei tuoi Prodotti in Vendita. Serve a distinguerti.

Analizziamo un'altra Storia di Marketing: quella delle Case Automobilistiche. Come ben sai ci sono decine diverse di Marchi Legati alle Automobili, ognuna con i suoi Pregi e Difetti. Queste Auto sono forse tutte uguali? Certamente no, penserai giustamente. Ma non è forse vero che in fin dei conti un'Automobile è un Mezzo di Trasporto che ci porta da un luogo a un altro? Sì, questo indubbiamente. Eppure la nostra percezione di Automobile cambia, a differenza della Storia che una Casa Automobilistica ci ha raccontato a differenza di un'altra.

Facci caso. Guarda le Immagini che ti mostro nella Pagina seguente, cosa ti viene in mente? Vediamo.

Sono tutte Automobili molto conosciute. Questo vuol dire che sono forse tutte uguali? Sicuramente no. Cosa ti viene in mente pensando a una Fiat? Forse all'affidabilità del Motore o ai Costi contenuti, mentre invece un'Alfa Romeo la associ più al suo

Carattere e alla Grinta Sportiva che la distingue. Ma è proprio così? Non per forza, tenendo conto che Fiat e Alfa Romeo sono praticamente Automobili progettate da un unico Gruppo Automobilistico, così come anche la Lancia, associata spesso alla Comodità di Guida. Lo stesso dicasi per le due Case Automobilistiche Tedesche rivali di sempre, Mercedes e BMW. Non è forse vero che la nostra mente associa la Bmw al piacere di guida, mentre guardando una Mercedes ci viene in mente il suo essere lussuoso?

Questo dimostra che le varie Case Automobilistiche, per prendersi la propria Fetta di Mercato, hanno bisogno di raccontare delle Storie che possano essere interessanti a seconda del tipo di Persona. Alla fine vendono tutti lo stesso Prodotto, anche se curando ognuno dei Particolari diversi che confermano la propria Storia. Ovviamente ci sono delle REALI differenze in queste Automobili, ci mancherebbe, ma è anche vero che, obiettivamente, non sono differenze assolute. Non è detto che un Motore di un'Alfa non possa durare di più di una Fiat, e che questa non ne abbia la stessa grinta sportiva, così esistono modelli

della Mercedes esclusivamente sportivi, come pure delle BMW super lussuose.
Tutti hanno una propria gamma di auto completa, ma non ha importanza. L'importante è attirare a sé le persone, raccontando la propria Storia. Interessante anche questo Caso di Studio, non è vero? Questo vale anche per te. Non ha importanza che tu abbia una tua Azienda o che tu stia semplicemente rivendendo Prodotti di altri. In entrambi i casi, probabilmente, stai mostrando alle Persone gli stessi Prodotti che chiunque ha a disposizione. Tutti abbiamo dei concorrenti.

Nel caso tu fossi un Affiliato, quindi, non basta un'enorme visibilità per Vendere su Internet. AdWords è uno Strumento molto potente per attirare Visitatori, ma una volta ricevuti dovrai fare in modo di trattenerli a te, **raccontando una TUA Storia**.

Un buon Metodo per far questo potrebbe essere appunto la Tecnica di puntare i propri Annunci di AdWords NON verso il proprio Negozio Online o il Prodotto che vuoi vendere, ma con l'Obiettivo di creare una tua Mailing List, una lista di Persone a cui magari regalare un piccolo Report scritto da te, come dicevamo prima, dove puoi trasmettere la tua Idea sull'Argomento relativo alla tua Attività, in modo da raccontare la tua Storia. Solo dopo aver fatto questo, gli Iscritti ti seguiranno incondizionatamente, acquistando tutti i Prodotti che suggerirai loro di acquistare.

RIEPILOGO DEL CAPITOLO 3:

- SEGRETO n. 1: se l'iscritto troverà la tua Storia interessante, comincerà a fidarsi veramente dei te e considerarti un punto di riferimento importante.
- SEGRETO n. 2: fai delle ricerche su Internet per trovare dei Contenuti interessanti sui quali basarti per creare la tua Storia di Marketing.
- SEGRETO n. 3: chiedi ai tuoi Iscritti quali sono i loro Interessi.
- SEGRETO n. 4: crea una Base in Comune con i tuoi Iscritti, in modo che essi possano capire che hai gli stessi interessi e le Soluzioni ai loro Problemi.
- SEGRETO n. 5: cerca su Internet qualche utile Informazione inerente alla tua Attività, per creare una Storia convincente.

GIORNO 4:
Formattazione e i vari Formati

Fino a ora hai visto quanto siano importanti per la tua Newsletter i Contenuti, cioè scrivere i tuoi Messaggi in maniera adeguata, raccontando una tua Storia che i Lettori siano disposti a credere. Ora però ci sposteremo su un Discorso completamente diverso, che riguarda invece il DESIGN. Sì, perché anche l'occhio vuole la sua parte ed è un aspetto molto importante. Faccio una breve premessa circa il Design adeguato a una Newsletter in maniera generica, poi approfondiremo durante questo Capitolo altri aspetti molto importanti. Fondamentalmente ci sono due cose che devi ricordare:

1. il tuo Formato deve rendere la Newsletter di facile lettura;
2. il tuo Design deve risaltare il Marchio (o il Prodotto) del tuo Business.

Sono due aspetti molto elementari: è ovvio che vuoi che il Formato che scegli possa contribuire a far leggere con più facilità la tua Newsletter, non il contrario. Questo significa che non dovrebbero esserci Ostacoli tra il Lettore e il Messaggio che scrivi. Ad esempio, il Lettore non dovrebbe sforzarsi con gli Occhi per leggere un Testo magari troppo piccolo, ma devi fare in modo di rendere i tuoi Articoli chiari dall'inizio alla fine, i Titoli devono essere abbastanza grandi in modo da risaltare e le Immagini (se ci saranno) molto chiare, in modo da capire cosa rappresentino.

In secondo luogo, il tuo Formato dovrebbe riflettere il tuo "Marchio". Ora, la Parola *Marchio* al giorno d'oggi è usata moltissimo, alle volte anche in maniera inappropriata e non tutti sanno cosa vuol dire in realtà. In effetti non significa solo il "Logo" di un'Azienda, ma per *Marchio* intendo anche la tua Figura Professionale o il Prodotto che stai vendendo, che deve essere sempre limpida nella Mente dei tuoi Lettori.

Ovviamente se hai un'Azienda e opti per un Formato di Newsletter Grafico, in Stile HTML, puoi creare un vero e proprio Logo Grafico, in cui i lettori possano riconoscerti. Se invece la tua Newsletter sarà di tipo Testuale, quindi presumibilmente senza Immagini o se sei un Venditore autonomo e non hai una tua Azienda, puoi promuovere il tuo Marchio dando risalto a te stesso, a ciò che fai o ai Prodotti che vendi, anche se tramite un Programma di Affiliazione. Puoi fare riferimento anche al tuo Sito Internet o a un Servizio che offri. Tutte cose che aiutano i tuoi Iscritti a DISTINGUERTI dagli altri.

Queste sono le basi, cioè alcune linee guida da seguire per la scelta del Formato della tua Newsletter, ma ovviamente c'è molto altro da dire, anche per via delle varie Opzioni a nostra disposizione.Al giorno d'oggi, infatti, il Web 2.0 ha modificato e aggiunto molti degli Strumenti disponibili per Comunicare. Attualmente ci si può tenere aggiornati tramite i Feed RSS dei Blog, News Alert dei vari Motori di Ricerca o altro ancora, ma è innegabile che la Newsletter tramite email è ancora lo Strumento più diffuso ed efficace per iscriversi e ricevere Informazioni e News. Ecco perché il suo Formato diventa qualcosa di veramente importante per il Lettore.

Hai presente ad esempio quelle Newsletter "storiche", formattate come negli anni '80 e mai aggiornate? Email del genere sono difficili da leggere e ci si dispera per capirci qualcosa, spesso anzi ti passa addirittura la voglia di leggerle. Questo è proprio quello che devi evitare con la tua Newsletter, grazie a una Formattazione e un Formato che siano efficaci e immediati.

Grazie allo sviluppo del Web 2.0 e dei software oggi come oggi i messaggi email vengono letti quotidianamente mediante l'uso di diversi strumenti. Alcuni si limitano a visualizzare i propri messaggi direttamente online, nella loro casella di posta elettronica come Yahoo, Gmail ecc.

Altri invece, trovano molto più comodo utilizzare software adatti alla posta elettronica come Outlook Express o Mozilla Thunderbird, che permetteranno di scaricare la posta elettronica a ogni connessione per poi visualizzarla con calma offline. Indipendentemente da cosa utilizzeranno i tuoi iscritti per leggere i tuoi messaggi, c'è un aspetto importante che devi tenere in considerazione. Come ben sai, l'impatto visivo di una qualsiasi pagina web, gioca un ruolo determinante e può aggiungere o anche togliere valore e professionalità di chi ha composto quella pagina.

Anche nelle email il discorso non cambia. Ecco perché è molto importante curare l'aspetto delle tue email, anche perché chi si iscriverà alla tua mailing list probabilmente ti considera un professionista e ne avrà conferma proprio quando riceverà il tuo primo messaggio. Si ricrederà? No, non lo farà se impari a formattare e impaginare nella maniera giusta le tue email, ecco perché ora consideriamo questo importante aspetto.

Il primo formato che andiamo a considerare è il formato di **Testo Semplice,** che oltre a basarsi su una formattazione semplificata (la parola stessa lo dice), è anche il formato più utilizzato per inviare le newsletter.

```
=================================
Annuncio e Tema della Newsletter
=================================

Ciao (Nome),

Inserisci il testo e contenuto della newsletter

Saluti,

Inserisci il tuo nome

---------------------------------
Inserisci Tabella Risorse Utili
---------------------------------

Link 1
Link 2
Link 3

=================================
```

Per formattare correttamente la tua email ti consiglio di utilizzare il carattere **Courier New** con dimensione carattere impostato a **10.** Componi inoltre la tua email non superando i 60 caratteri per ogni riga. Tutto questo ha una spiegazione logica, visto che la maggior parte dei programmi di gestione di posta elettronica si aspettano email formattate in questa maniera, ma anche per evitare di spezzettare il tuo Messaggio in maniera casuale. Anche la scelta di questo Carattere non è casuale, in quanto il Courier New ha i Caratteri tutti larghi nella stessa misura e dunque è molto valido perché più leggibile.

SEGRETO n. 1: una possibile Formattazione è quella con il Testo Semplice, con il Carattere Courier New.

Quando la formattazione del Testo non rispetta questi parametri, l'email apparirà con errori di impaginazione e formattazione e non sarà di certo bella da vedere. Sostanzialmente, questo tipo di formato ti permetterà di creare delle newsletter con estrema semplicità, favorendo anche la partecipazione diretta da parte dei tuoi iscritti che potranno rispondere ai tuoi messaggi senza problemi. Nel caso la tabella risorse contenga dei link particolarmente lunghi e che comunque superano la soglia dei 60 caratteri, dovrai fare in modo di accorciarli.

Questo è possibile in pochi secondi servendoti del servizio online offerto da www.tinyurl.com che trasformerà i tuoi link in collegamenti molto più corti; tu potrai rispettare facilmente la formattazione ideale per rendere la tua email ordinata, semplice e nello stesso tempo professionale. Un altro formato comunemente utilizzato per l'invio delle newsletter è il formato **HTML**. Praticamente si presenta coma una pagina web e ha il grande vantaggio di avere un impatto estetico migliore rispetto al semplice formato in Testo semplice.

Titolo della Newsletter

Ciao (Nome),

Contenuto della Newsletter

Saluti,

Il tuo nome

Tabella Risorse

Link risorse

Effettivamente, la possibilità di inserire diversi colori, immagini e collegamenti ipertestuali personalizzati sono tutti vantaggi che a prima vista renderebbero questo formato il più adatto per la tua newsletter.

Tutto ciò però non basta per superare una delle grandi lacune di questo formato: il fatto che spesso le email inviate in HTML vengano bloccate dai filtri antispam.

C'è inoltre da considerare che molte volte anche se il destinatario riceve l'email, i firewall bloccano comunque il caricamento delle immagini e degli elementi grafici, quindi ammesso che l'impaginazione sia impeccabile, l'effetto estetico dell'email viene comunque "Perso" nell'80% dei casi. Ma, come ripeto, bisogna sempre e comunque mettere in preventivo che formattare e impaginare correttamente una newsletter in formato HTML richiede sempre una minima conoscenza del linguaggio stesso.

SEGRETO n. 2: le Newsletter in formato HTML sono più Professionali, ma corri il rischio di vederle bloccate dai Firewall.

Quando componi il contenuto della newsletter parla in prima persona. Qual è l'obiettivo primario della tua newsletter? Vendere? No, creare un rapporto di fiducia.

Il tipo di linguaggio usato deve rispecchiare un rapporto di fiducia già consolidato da parte tua e lo puoi fare proprio parlando in prima persona come faresti conversando con un amico, utilizzando quindi termini come "Tu" e "io" anziché un freddo "lei" o "noi". Inoltre tieni presente che la chiave del Successo della tua newsletter, come ormai avrai capito, sono i Contenuti; avere un bel Design Grafico ma una Newsletter priva di contenuti non sarà di grande aiuto per il tuo Business. In questi termini mi sbilancio leggermente a favore del Formato Testo, in quanto di solito quello HTML è visto dagli Utenti più come una sorta di "Pubblicità", mentre quelle Testuali come un messaggio personale, cosa fondamentale come hai visto nelle Pagine precedenti.

SEGRETO n. 3: le Newsletter in formato Testo sono più pratiche per quanto riguarda il trasmettere i tuoi Contenuti, elemento di fondamentale importanza.

Ma facciamo un esempio pratico. La Newsletter della Bruno Editore (www.Autostima.net) è oggi una delle più seguite d'Italia per quanto riguarda il suo Settore (Vendite ebook) con oltre 270.000 Iscritti, quindi possiamo dire che è veramente un esempio e un Caso di Studio da prendere in seria considerazione. Non a caso al termine di questo ebook troverai proprio un'approfondita Case History su come viene lanciato un Prodotto attraverso la loro newsletter.

In questo Sito vengono proposti di continuo nuovi ebook sulla Formazione riguardante le più svariate Categorie, ma lo

Strumento principale utilizzato per i Lanci ufficiali dei nuovi Prodotti è proprio la Newsletter. Ovviamente nel corso dell'Attività, la Bruno Editore ha testato personalmente sia una Newsletter di tipo Grafico/Professionale, in HTML, che di tipo Personale, in formato testuale. Guarda questi esempi:

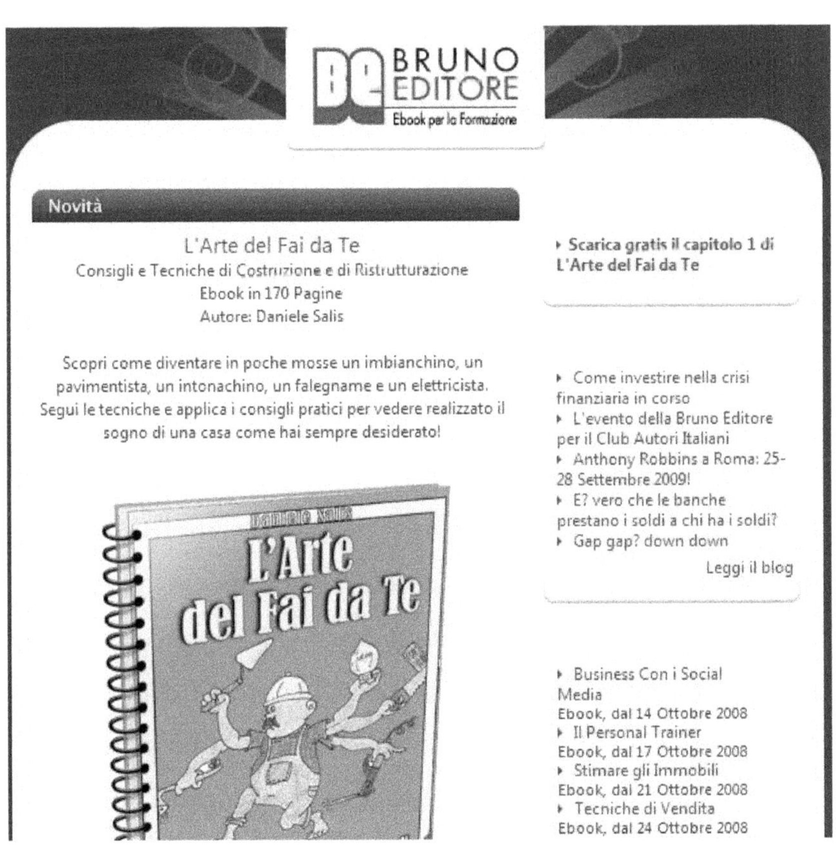

Questa Immagine ovviamente si riferisce al Formato Professionale in HTML. Questo Formato ovviamente ha i suoi vantaggi, come ad esempio il Sistema di correlazione di Prodotti. Ad esempio, come puoi vedere nel Menù a destra, vengono presentati dei Link con altri Prodotti appena usciti e di seguito altri ebook dall'Argomento simile.

Questo in un primo momento può generare qualche Vendita in più, in quanto anche se un Iscritto non è interessato particolarmente a quell'Argomento specifico, potrebbe essere attratto da quello correlato o comunque può cliccare in qualche Link che la Newsletter propone.

Un altro aspetto positivo è che la Newsletter è molto facile da realizzare e si crea in poco tempo, poiché una volta preparato il Template Grafico, basterà ogni volta modificarlo con la Descrizione del Prodotto che vorrai promuovere e inviare il tutto. Questo però presenta delle controindicazioni, come ad esempio la "Sensazione" che questa email trasmette, davvero troppo Formale e poco personale. Il Testo dell'email altro non è che la Scheda di Vendita dell'ebook e il Lettore difficilmente lo leggerà tutto.

Ripetiamolo, forse si avrà qualche Vendita di più nell'immediato grazie ai Link correlati, ma a Lungo Termine questa Strategia può portare qualche allontanamento da parte dei tuoi Clienti, che potrebbero stancarsi di ricevere questo tipo di email. Vediamo ora un altro esempio:

Ciao Daniele,

è ora disponibile **a soli euro 29**+iva l'ebook che ha venduto **oltre 600 copie!**

Lettura Veloce 3x
Tecniche di Lettura Rapida e Apprendimento per Triplicare la Tua Velocità
Ebook 153 pagine + Software Gratis

Nel lontano 1990, quando ero ancora un bambino, nella mia scuola vennero a fare una dimostrazione di quanto il cervello fosse potente. Una ragazza ci dimostrò **come fotoleggere un libro in pochi minuti.** Lesse uno dei nostri libri e ci raccontò i contenuti con un ottimo grado di dettaglio e di comprensione. Un libro di 200 pagine!

Poco dopo la medesima ragazza imparò **a memoria in pochi secondi** tutte le parole che noi studenti dicevamo. Ce le ridisse tutte in fila, dalla prima all'ultima senza saltarne nessuna. Poi dall'ultima alla prima. Poi noi chiedevamo la parola numero X. E lei ce la diceva. Poi tutte le parole che ancora non le avevamo chiesto. STRAORDINARIO.

Una cervello allenato, efficace e veloce. Sono rimasto molto impressionato e pregai i miei genitori di farmi partecipare al corso proposto da quell'azienda. Per i miei fu un grande investimento: dopo 18 anni è ancora tutto ben impresso nella mia mente, perchè è come andare in bicicletta: **una volta imparato non dimentichi più.**

Questa Newsletter è molto diversa, non trovi? Niente immagini, niente Link, nessun Prodotto correlato. Questa volta però, il

Messaggio è concentrato esclusivamente su un unico Prodotto e sulla STORIA Personale dell'Autore. Sicuramente risulterà più efficace, non trovi? E sai in fin dei conti, cosa conta più del Formato Testo o HTML? *Il Formato "Facile"*. Io lo chiamo così e penso che sia uno dei Segreti più importanti per la gestione dei tuoi Iscritti e della tua Newsletter.

SEGRETO n. 4: cerca di raccontare una tua Storia all'interno dei Messaggi che invii, così che i tuoi lettori si sentano coinvolti.

Ricordi la Domanda che Denzel Washington faceva spesso nel Film *Philadelphia*? Era questa:

«Spiegamelo come se avessi tre anni».

Verrebbe da pensare che sia facile spiegarsi in maniera semplice, in modo che tutti possano capirti… invece no! Karl Popper, Filosofo austriaco disse:

«Chi ha da dire qualcosa di nuovo e di importante ci tiene a farsi capire. Farà perciò tutto il possibile per scrivere in modo semplice e comprensibile. Niente è più facile dello scrivere difficile».

Questa Frase si adatta particolarmente alla Newsletter. Scrivere per i tuoi lettori presuppone un linguaggio possibilmente diretto, semplice, schietto e, possibilmente, simpatico, altrimenti i tuoi Iscritti si stancheranno. Perciò, quando scrivi il tuo Messaggio, devi pensare a loro, non a te stesso. Inutile cercare di dimostrare quanto tu sia bravo con le Parole, devi mettere da parte il tuo Ego e pensare solo all'Obiettivo finale, quello cioè di tenere vivo l'interesse dei tuoi Iscritti verso di te e quello che dici. Troppo spesso, infatti, chi scrive dimentica che dall'altro lato del Monitor ci sono delle persone che leggono. E se chi legge nota che il tuo Tono è complesso o addirittura snob, a sua volta egli tenderà a ignorarti, cancellando la sua Iscrizione.

Ecco perché è fondamentale il Concetto del "Formato Facile". Questo è uno degli aspetti fondamentali per creare e gestire una Mailing List che sia numerosa e fidelizzata nel Tempo. Ma quali sono altri aspetti che determinano la gestione dei tuoi Iscritti? Questo aspetto verrà approfondito nel prossimo, fondamentale Capitolo.

SEGRETO n. 5: indipendentemente dal Formato, cerca di rendere la tua Newsletter chiara e di facile comprensione.

RIEPILOGO DEL CAPITOLO 4:

- SEGRETO n. 1: una possibile Formattazione è quella con il Testo Semplice, con il Carattere Courier New.
- SEGRETO n. 2: le Newsletter in formato HTML sono più Professionali ma corri il rischio di vederle bloccate dai Firewall.
- SEGRETO n. 3: le Newsletter in formato Testo sono più pratiche per quanto riguarda il trasmettere i tuoi Contenuti, elemento di fondamentale importanza.
- SEGRETO n. 4: cerca di raccontare una tua Storia all'interno dei Messaggi che invii, così che i tuoi lettori si sentano coinvolti.
- SEGRETO n. 5: indipendentemente dal Formato, cerca di rendere la tua Newsletter chiara e di facile comprensione.

GIORNO 5:
Creare e Gestire la tua Lista e gli Invii

Siamo finalmente giunti a esaminare quello che forse è l'elemento più importante della tua Newsletter:

IL LETTORE

Sai qual è uno degli errori più gravi di chi fa Marketing attraverso una Newsletter? Che spesso parlano della Persona sbagliata! Cosa voglio dire con questo? Semplicemente voglio dire che non basta (e comunque non è efficace) scrivere di te, della tua Azienda o del tuo Prodotto. Il punto è **che tutte queste cose saranno interessanti per TE, ma purtroppo difficilmente lo saranno anche per gli altri**, perché non tutti condivideranno i tuoi interessi. Non faranno altro che pensare: «Sì, e allora?» Mentre la maggioranza delle Newsletter italiane ancora si concentra su cose banali come "chi sono" o "è uscito il mio nuovo Prodotto", **una Newsletter non dovrebbe far altro che trattare Argomenti che interessano il Lettore**. Ecco il primo, grande Segreto per costruire una Lista numerosa e soprattutto incrementarla nel Tempo. Questo ovviamente non significa che non puoi utilizzare la tua Mailing List per proporre un tuo Prodotto o Servizio. Invece di fare la solita Lista di Caratteristiche del tuo Prodotto (che in sostanza è solo un elogio a te e quello che crei), **scrivi riguardo ai benefici che quel Prodotto recherà al Lettore della tua Newsletter.**

Ecco come farlo: immagina, ad esempio, di essere un Ballerino e di voler proporre ai tuoi iscritti un Corso di Danza, da te creato. Potresti essere tentato di convincere scrivendo sulle tue Qualifiche, la capacità del tuo Studio e da quanti anni svolgi il tuo Lavoro. Sono tutte cose importanti, questo è ovvio. Ma quello che i tuoi Lettori vogliono sapere è ben altro, ad esempio:

- i Benefici dal punto di vista della Salute con delle Lezioni di Danza;
- tecniche di Esercizi sicuri;
- Storie di Successo che possono emulare (ad esempio un tuo ex Studente che ora è un Ballerino Professionista).

Vedi, ognuno dei tuoi Articoli deve avere qualcosa che interessi PERSONALMENTE al tuo Lettore. Facendo questo potrai, però, allo stesso tempo, promuovere i tuoi Prodotti o Servizi.

Quali sono alcuni Vantaggi con questa Tecnica?

1. susciterai subito l'Interesse del tuo lettore, che probabilmente ascolterà la tua Storia;
2. il tuo Messaggio non suonerà come un Annuncio Pubblicitario;
3. dimostrerai comunque le tue Competenze, ma non in modo brutale, costruendo la tua Credibilità con i fatti, non con le semplici parole.

Segui queste semplici Linee Guida e **costruirai una Newsletter che le Persone avranno PIACERE nel Leggere** e che ti permetterà di avere una Lista veramente numerosa.

SEGRETO n. 1: per creare una Mailing List numerosa devi scrivere i tuoi Messaggi puntando su Argomenti che possano interessare, NON solo su di te.

Ma creare e gestire la tua lista, come anche l'invio dei messaggi, va ben oltre questi aspetti. Dal punto di vista strettamente tecnico è più semplice di quanto pensi, ma contrariamente a come molti credono è una fase a cui devi attribuire molta importanza, non sottovalutandola e soprattutto non lasciando nulla al caso. È statisticamente dimostrato, infatti, che, per portare a termine una vendita, sono necessari in genere cinque contatti consecutivi, anche perché quasi mai succede che un visitatore del tuo sito acquisti immediatamente un tuo prodotto dopo aver letto la tua pagina di vendita o un tuo Sito.

È molto più probabile invece che questo visitatore ti contatti tramite email, chiedendoti sicuramente ulteriori informazioni. Stesso discorso dicasi per le tue campagne pubblicitarie, come abbiamo già visto dovrai programmare diversi messaggi prima di concludere la campagna con la proposta commerciale.

Questo non è sicuramente un problema se ti ritrovi a gestire dieci o quindici clienti, ma se provi a moltiplicare il numero di messaggi necessari a portare a termine una vendita per una lista di iscritti molto numerosa, puoi ben capire che le cose diventino molto più complesse. Ecco perché per gestire in maniera efficace una newsletter e far sì che tutto si automatizzi nel dovuto modo, devi necessariamente servirti di strumenti utili a tal scopo.

Lo strumento più utilizzato nel marketing on-line al fine di creare e gestire la tua lista **è l'autorisponditore o autoresponder**. Di cosa si tratta? Si tratta di un sofisticato software installato su dei server potenti e professionali che ti permette di creare la tua lista in maniera automatizzata grazie al fatto che utilizza un semplice Form di iscrizione, ovviamente collegato al tuo account, e che può essere semplicemente incollato in ogni pagina Web che desideri. Ogni visitatore che decide di iscriversi compilando un form viene automaticamente inserito nel database dell'autorisponditore e inserito nella tua lista di iscritti. Ecco che ogni volta che decidi di inviare una newsletter ai tuoi iscritti, non dovrai far altro che comporre il messaggio e questo sarà automaticamente inviato ad ogni componente della tua lista.

SEGRETO n. 2: lo Strumento principale per poter gestire la tua Newsletter è l'Autorisponditore.

Un'altra funzione molto utile per automatizzare il tuo lavoro è quella della programmazione dei messaggi. Un autorisponditore ti permette infatti di programmare una serie di messaggi che ogni nuovo iscritto riceverà secondo una cadenza giornaliera da te stabilita. Quindi puoi programmare l'autorisponditore in modo che, oltre a inviare il messaggio di benvenuto ogni qualvolta qualcuno si scrive alla tua lista, invia automaticamente un nuovo messaggio dopo due giorni e un altro ancora dopo quattro giorni e così via.

Questo ti permette di programmare un'intera campagna promozionale e di rendere il tutto completamente automatizzato con un netto risparmio di tempo e risorse. Puoi anche utilizzare l'utilissima opzione che permette di programmare l'invio di messaggi in base a date specifiche come per esempio offerte speciali in occasione di festività o eventi particolari.

In particolar modo la Funzione della "Sequenza Automatica" ti permette di creare dei Messaggi programmati da inviare automaticamente a chi si iscrive a intervalli regolari di Tempo, ad esempio ogni 2 o 3 Giorni. Questo è molto utile nel caso volessi offrire un Corso gratuito ai tuoi nuovi Iscritti, diviso in più Lezioni e inviarlo via email. Tutte Lezioni che avrai preparato in precedenza e che promuoveranno anche la tua Attività e che saranno inviati in maniera automatizzata. Tu fai il Lavoro una volta e la tua newsletter lavorerà per te! Questo in breve è ciò che un servizio di Autorisponditore ti può permettere di fare e come senz'altro hai potuto capire ti agevola notevolmente nel tuo lavoro proprio perché ti permette di automatizzare moltissime operazioni che diversamente saresti costretto a seguire e svolgere manualmente.

SEGRETO n. 3: attraverso il tuo Autorisponditore potrai creare e gestire dei Messaggi da inviare automaticamente ai tuoi Iscritti nel corso del Tempo.

Un servizio di autorisponditore ha dei costi da sostenere, ma in questo caso parliamo di un vero proprio investimento, visto che affiancherebbe una delle più importanti fasi del tuo business. Come abbiamo già detto prima vale la pena investire in un qualcosa che sicuramente ti darà un ritorno in termini economici. Il miglior servizio presente in rete è Aweber. Ovviamente come per tutte le cose c'è sempre un'alternativa e anche in questo caso sei libero di poter scegliere lo strumento più adatto le tue esigenze.

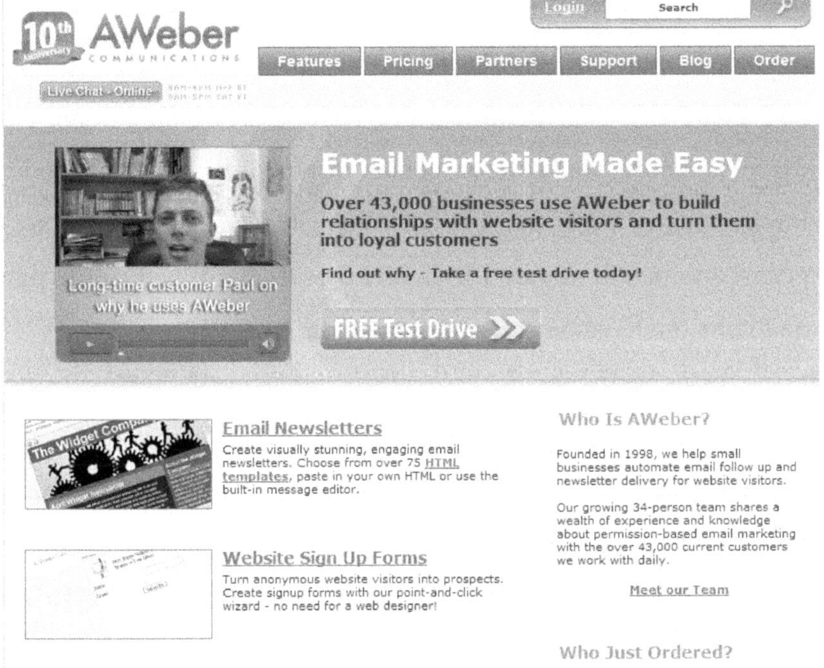

Probabilmente, se sei agli inizi, preferisci non investire venti euro al mese per il servizio, prima di essere sicuro che a breve termine arriveranno dei guadagni costanti nelle tue tasche. In tal caso puoi cominciare utilizzando dei software gratuiti, meno potenti ma comunque utili per creare e gestire la tua lista di iscritti. In genere questi software non sono altro che script, ovvero file particolari da installare sul tuo server; nulla di complicato, ma ovviamente neanche nulla di pronto. Dovrai infatti essere in grado di installare lo script sul tuo server dopo aver valutato attentamente i requisiti necessari per il funzionamento. Le funzionalità saranno comunque ridotte rispetto a un servizio professionale come può essere l' autorisponditore, in genere questi script ti permettono di implementare sulle tue pagine Web il form di iscrizione, e gestiscono in automatico l'invio del messaggio di benvenuto ogni qualvolta qualcuno si scrive alla tua lista.

Potrai in qualsiasi momento inviare un messaggio a tutti i tuoi iscritti ma dovrai farlo manualmente perché molto probabilmente non avrai a disposizione la funzione che permette di programmare l'invio dei messaggi. È comunque una valida soluzione se stai iniziando a raccogliere la tua lista di iscrizioni, potrai pur sempre passare un servizio professionale quando lo riterrai opportuno, importando in maniera semplice la lista di tutti tuoi iscritti.

Ad esempio un buon Servizio da provare sicuramente è www.Wufoo.com. In realtà nasce per la creazione di Form e

Questionari, ma in questo modo potresti anche creare un semplice form per l'iscrizione alla tua Newsletter, visto che tiene in memoria tutti i dati di chi si iscrive ed eventualmente invia anche un Messaggio Automatico di Risposta (che puoi usare come Messaggio di Benvenuto).

Ci sono vari tipi di registrazione. C'è anche una versione gratuita che ti permette la creazione massima di tre Form con un massimo di dieci domande e va più che bene, visto che a te ne basteranno due (Nome dell'Iscritto e Indirizzo email). Una volta registrato al

Sito riceverai la tua pagina Wufoo personale, dove cliccando su **ADD FORM** potrai iniziare a creare il tuo Form:

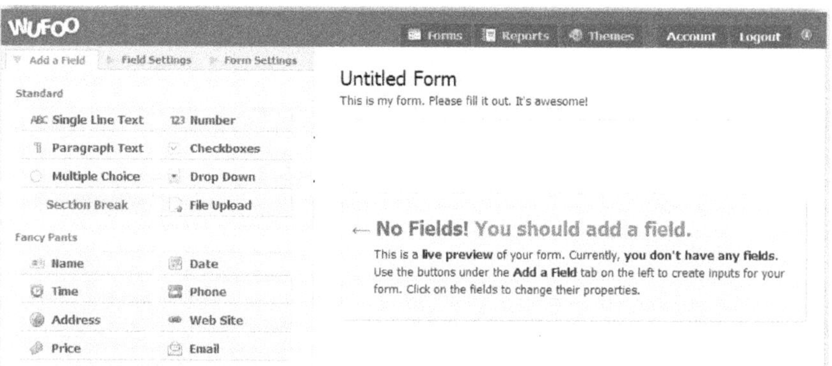

Il Sito è in inglese, ma è molto intuitivo e tramite questa schermata hai tutto quello che ti serve. Utilizza le **Fancy Pants** per far indicare ai visitatori del tuo Sito i loro dati Personali (Nome, Sito Internet, Indirizzo email ecc.) e successivamente, in **Form Settings**, potrai impostare il tuo Messaggio email di benvenuto, completamente automatico. Meglio di così... Con questo semplice Strumento puoi creare la tua Lista senza avere delle Spese fisse al Mese, ma non potrai gestire gli invii. Per inviare molteplici email alla tua lista, infatti, avrai bisogno di un Software Professionale. Personalmente ti consiglio **SendBlaster**.

Puoi trovarlo al Sito Internet www.sendblaster.it. La versione di Prova ti consentirà di inviare le prime 100 email, mentre per gli invii successivi dovrai acquistare il Software completo, che in ogni caso non è molto costoso.

Potrai addirittura scegliere Impostazioni Grafiche Professionali in HTML e inviare email senza utilizzare un server SMTP. In questo modo l'invio dei tuoi Messaggi sarà più veloce e sicuro, rispetto a un normale Client di Posta Elettronica.

Questo Programma è altamente consigliato se vuoi inviare in modo rapido e automatizzato numerosi messaggi email a un’intera lista di distribuzione; le sofisticate funzionalità di gestione dei dati e la possibilità di inviare **messaggi email personalizzati** (ad esempio ”Caro Daniele” anziché un anonimo “Gentile Cliente”) consentono la **gestione automatizzata di campagne pubblicitarie e newsletter**, il tutto comodamente in un software che gira sul tuo computer.

SEGRETO n. 4: puoi usare Aweber come Autorisponditore Professionale o uno gratuito per iniziare, come un qualsiasi Script di gestione email o Wufoo insieme a SendBlaster.

Indipendentemente da quale servizio vuoi utilizzare per gestire la tua newsletter, devi dare la massima importanza a tutta la lista di indirizzi email dei tuoi iscritti, facendone una copia di backup ogni settimana. **Quella lista è davvero la tua miniera d’oro** e si può paragonare ad anni e anni di lavoro di un comune rappresentante di tipo “Porta a porta”. Perdere in qualche maniera quella lista vorrebbe dire lasciarsi sfumare opportunità di guadagno davvero uniche. Ti consiglio quindi di programmare una copia di backup dell'intera lista una volta alla settimana, utilizzando un supporto removibile tipo Pen Drive o SD, e programmarne un altro mensile su un hard disk esterno.

SEGRETO n. 5: fai un Backup periodico della tua Lista di Iscritti per non rischiare di perdere i tuoi dati.

Altra Domanda fondamentale per gestire la tua Lista: **quanti messaggi inviare ai tuoi iscritti e con quale periodicità?** Se ragioni in termini di guadagno sicuramente opteresti per inviare una newsletter ogni giorno, magari una email commerciale, dove proponi l'acquisto di un tuo prodotto. Pensi che sia efficace un metodo del genere?

Potrebbe esserlo inizialmente, ma in effetti se qualcuno è interessato a un argomento ben preciso, gradirebbe davvero che ogni giorno la sua casella email contenesse il tuo messaggio? Con molta probabilità un iscritto che riceve ogni giorno la tua email si cancellerà dalla tua lista dopo quindici giorni e se non lo farà cestinerà i tuoi messaggi senza leggerli. Nella migliore delle ipotesi un iscritto leggerà solamente le prime righe del messaggio per poi cestinarlo comunque. Aspettativa e curiosità? Prossime allo zero!

Il mio consiglio è quello di inviare **al massimo due email settimanali,** avendo cura di lasciar passare tre giorni l'una dall'altra, di cui una deve essere **informativa**, deve cioè fornire qualcosa di interessante all'iscritto, sia esso sotto forma di contenuto, oppure di risorsa esterna, mentre l'altra può essere di tipo **commerciale**, quindi offerte e proposte, ricordando sempre la premessa fatta a inizio Capitolo. Oltre a queste **due email settimanali** programma l'invio di **una newsletter mensile** dove chiami in causa la partecipazione diretta dei tuoi iscritti, una possibilità di interagire in sinergia con ogni iscritto attraverso la conversazione. Questo rafforza il rapporto di fiducia, la relazione e il valore della tua immagine quale professionista.

Ovviamente queste sono delle Linee guida molto generiche, ma ciò non toglie che molto dipende dal tuo modo di intendere la Newsletter e soprattutto dal tuo modo di lavorare. Sì perché se invii ai tuoi Iscritti soltanto della semplice Pubblicità, probabilmente le tue email saranno considerate SPAM anche se la frequenza è una volta al Mese; viceversa, se invii Risorse utili e materiale interessante, in teoria potrebbe andare bene anche una volta al Giorno, perché si tratta di Messaggi graditi. Basandosi quindi su questi concetti, considera il giusto Equilibrio che va bene per la tua Attività e i tuoi Lettori.

SEGRETO n. 6: non superare mai le due email a Settimana e programmane qualcuna in modo che sia interattiva con i tuoi Utenti.

Questa è una linea guida da seguire, ma naturalmente puoi dare spazio anche a invii opzionali durante l'anno, magari un corso in diverse lezioni, miniguide in pillole ecc. Il limite è solo la tua fantasia e creatività.

Resta il fatto che ogni email inviata non deve essere fine a se stessa, ma deve ricollegarsi in qualche modo alle precedenti, portando sempre avanti il tema principale della newsletter. La prima email quindi deve offrire qualcosa, una risorsa, delle informazioni utili per l'iscritto che permettano di imparare o apprendere qualcosa; la seconda email, cioè quella commerciale, proporrà l'acquisto di un determinato prodotto o servizio che abbia a che fare con l'argomento target trattato nell'email precedente, cercando sempre di dare risalto ai Benefici, mentre la newsletter mensile avrà lo scopo di fidelizzare la tua lista e nello stesso tempo permetterti di capire gli effettivi bisogni ed esigenze dei tuoi iscritti.

Seguendo questa Strategia ti renderai subito conto che le effettive possibilità di Vendita saranno circa 4-5 ogni mese. Se da un lato possono sembrarti poche, ragiona sul fatto che i tuoi iscritti, per quanto interessati al tuo business e a ciò che proponi, non saranno senz'altro disposti a mettere mano al portafoglio ogni settimana! Non c'è da stupirsi per questo, è una realtà che ben rispecchia i tempi difficili in cui viviamo, economicamente parlando.

Ecco perché una proposta commerciale ogni settimana è più che sufficiente per gestire la newsletter, ed è proprio in questi 4-5 giorni al mese che ti giocherai il tutto per tutto, sfruttando delle strategie avanzate che avrai modo di analizzare nel capitolo successivo. Ma riprendiamo un attimo il discorso dell'email informativa che ogni settimana invierai ai tuoi iscritti. Questa è la newsletter che ti permetterà di consolidare il tuo rapporto con ogni iscritto, l'email che si deve distinguere proprio per il valore del suo contenuto. Se ricordi la premessa fatta in questo Capitolo, abbiamo detto come sia importante concentrarsi su quelli che sono gli Interessi del tuo Lettore, piuttosto che i tuoi. Così facendo avrai molte più probabilità che i tuoi Iscritti leggano quello che hai da dire.

Quindi la Regola più importante, ribadita più volte in questo Libro, è quella di **creare dei Contenuti che siano interessanti per i tuoi Lettori.** Considera che ci sono due Motivi precisi per cui il tuo Lettore decide di leggere le tue email:

1. perché è interessato al tuo Prodotto e vuole leggere degli Articoli che ne parlano;
2. perché trova la tua Newsletter affascinante anche se non scrivi direttamente qualcosa che riguarda i tuoi Prodotti, la legge perché... be', perché è scritta maledettamente bene!

Ripeto quello che ho detto prima, anche se sarebbe bello avere tutti Lettori che la pensano come nel secondo esempio, questo non vuol dire che nei tuoi Messaggi tu non debba fare proposte Commerciali o parlare dei tuoi Prodotti. Anzi, visto che in fondo lo scopo della tua Newsletter è quello di VENDERE, gran parte di essa dovrà essere improntata su questo aspetto. Dopotutto il tuo Lettore potrebbe essere sì affascinato dai tuoi Articoli, ma abituandosi anche a leggere riguardo i Benefici dei tuoi prodotti, probabilmente finirà per acquistarli. Bisogna però essere Onesti: non sempre quello che scrivi potrebbe essere affascinante!

Se sei un Commercialista potresti scrivere riguardo a delle norme Fiscali, anche se non è esattamente un Argomento leggero o divertente, sicuramente sarà interessante.

Quindi, va bene scrivere Contenuti Tecnici o particolari, se la tua Attività lo richiede, l'importante però è che siano interessanti.

Ecco alcune idee per dei contenuti da inserire nella propria Newsletter:

- informazioni che suscitino interesse (curiosità, intrighi, intrattenimento ecc.);

- informazioni utili (come gestire il proprio lavoro o risolvere un problema);
- articoli che sono indirettamente collegati con il tuo Prodotto (se ad esempio hai pubblicato un Manuale sul dimagrimento, sarebbe utile inviare una newsletter per spiegare le varie Diete).

Nel corso della mia Attività ho spesso utilizzato questa Strategia: lanciare dei messaggi relativi all'Argomento che riguardava il mio prossimo ebook, senza però citarlo inizialmente, per destare curiosità, ma soprattutto l'Interesse dei miei Lettori.

La cosa quindi da tenere sempre presente è: cerca di rendere tutti i tuoi Articoli interessanti. Assicurati di scrivere un Soggetto (il Titolo dell'email) che desti sin da subito la Curiosità di chi lo riceve, scritti magari in modo originale e vivace.

Se seguirai questa Tecnica, vedrai come il tuo Prodotto diventerà ancora più Prezioso agli occhi del tuo Iscritto. Qualcosa che le Persone vedranno come un bisogno da soddisfare, proprio come impone la legge del Marketing. Sicuramente un'ottima Strategia per portare il tuo Messaggio nella casa di centinaia o migliaia di persone!

RIEPILOGO DEL CAPITOLO 5:

- SEGRETO n. 1: per creare una Mailing List numerosa devi scrivere i tuoi Messaggi puntando su Argomenti che possano interessare, NON solo su di te.
- SEGRETO n. 2: lo Strumento principale per poter gestire la tua Newsletter è l'Autorisponditore
- SEGRETO n. 3: attraverso il tuo Autorisponditore potrai creare e gestire dei Messaggi da inviare automaticamente ai tuoi Iscritti nel corso del Tempo.
- SEGRETO n. 4: puoi usare Aweber come Autorisponditore Professionale o uno gratuito per iniziare, come un qualsiasi Script di gestione email o Wufoo insieme a SendBlaster.
- SEGRETO n. 5: fai un Backup periodico della tua Lista di Iscritti per non rischiare di perdere i tuoi dati.
- SEGRETO n. 6: non superare mai le due email a Settimana e programmane qualcuna in modo che sia interattiva con i tuoi Utenti.

GIORNO 6:
Strategie Avanzate

Un altro **aspetto fondamentale per il successo della tua Newsletter riguarda l'avere una tua PERSONALITÀ**! Questo perché le Persone di solito acquistano da una Persona, non da un'Azienda o Società. Questo aspetto è qualcosa che chi fa Business Online o chi vuol farlo, come nel tuo caso, deve tenere bene a mente. Dopotutto, non è vero che tramite la Newsletter costruisci un Rapporto diretto con alcuni Clienti… che in futuro potrebbero diventare Clienti affezionati, disposti ad acquistare tutti i tuoi Prodotti?

Ecco perché dico sempre che è molto importante mettere un po' della tua Personalità all'interno della tua Newsletter. Con questo non voglio dire che devi inserire il tuo Nome e la tua Foto in tutti i messaggi e in bella vista. Non dimenticare che i Lettori sono interessati a loro stessi, non a te. Voglio dire piuttosto che dovresti evitare di scrivere i tuoi messaggi in modo impersonale, prettamente aziendale, solo perché credi che in questo modo avranno un aspetto più Professionale. Allora come si fa a iniettare una buona dose di Personalità nella tua Newsletter? Ecco alcune idee:

1. Inserisci la tua Foto da qualche parte. Molte Persone si basano sulla vista per riconoscere le Persone e quando vedono un volto familiare tendono a fidarsi più velocemente di quando leggono soltanto un Nome e Cognome. Fai in modo che il tuo Volto diventi familiare. Fatti vedere.
2. Includi una Colonna o uno Spazio con i tuoi Dati Personali. Scrivi qualcosa sulla tua Vita, su quello che ti piace e che non ti piace. Non serve andare troppo nello specifico, limitati a dire cose superficiali, quel genere di cose che nel Marketing tradizionale diresti a un tuo Cliente per guadagnarti la sua Fiducia.
3. Includi alcuni Pareri personali. Se lo ritieni opportuno ovviamente, anche perché così facendo talvolta dovrai sbilanciarti. Questa Tecnica però è molto utile quando utilizzi la tua Newsletter per promuovere Prodotti di altre Persone tramite dei Programmi di Affiliazione. I tuoi Iscritti probabilmente si fideranno del tuo Giudizio e si aspetteranno dei Consigli sinceri da te, quindi non avere paura di scriverli, indicando magari anche

degli aspetti negativi (se ci sono) di tali Prodotti. La tua Personalità è un aspetto importante, ma è di fondamentale importanza farla uscire nella giusta maniera, non eccessivamente. Scrivi ai tuoi lettori con integrità. Non cercare di essere diverso da quello che sei nella Vita reale. E soprattutto, non esagerare, ricorda sempre che i tuoi Iscritti sono interessati a loro, non a te.

Da tutti questi Consigli hai capito che la tua mailing list rappresenta il punto di forza dell'intero marketing, poiché grazie ad essa poi sfruttare ogni possibilità di guadagno applicando svariate strategie avanzate. Ora cominceremo ad analizzarne una per una, potrai così renderti conto di quali potenzialità siano presenti in quella che può sembrarti una semplice lista di indirizzi email.

Tieni sempre presente che, anche se sei l'amministratore della tua lista, non puoi lasciare le cose al caso, soprattutto per quanto riguarda le newsletter commerciali, dove hai una reale possibilità di guadagno e la devi sfruttare al 100%. Usando delle strategie specifiche farai in modo che ogni tua newsletter commerciale sia vincente, indipendentemente dal fatto che il cliente acquisti oppure no il prodotto che promuoverai. Conosci il detto popolare secondo cui *Tutte le strade portano a Roma*?

In un certo senso la tua email commerciale rifletterà le parole di questo detto popolare, ma "Roma" in questo caso è il tuo Guadagno. Seguendo e applicando attentamente ogni strategia avanzata, ogni email ti porterà effettivamente un profitto anche se non necessariamente istantaneo ed economico.

Strategia 1: la Thank you page

La prima strategia avanzata parte proprio dal principio, cioè da quando un visitatore decide di iscriversi alla tua newsletter. Reindirizza l'iscritto a una **pagina di ringraziamento** subito dopo aver cliccato sul tasto di conferma iscrizione. Ora, mentre il tuo caro iscritto attende di ricevere tramite email il link di download del tuo bonus, si troverà davanti una pagina dove viene ringraziato per il fatto che ha deciso di darti fiducia e quindi di iscriversi alla tua lista. Ma oltre ai ringraziamenti, puoi includere un'offerta speciale riservata a chi si iscrive, offerta che il tuo iscritto visualizzerà solo una volta. Io stesso utilizzo molto questa Tecnica per quanto riguarda i miei Siti.

Nome in Codice:

Progetto Commissioni

Strategie di Guadagno Illimitato con la tua Affiliazione!

Ciao,

grazie per esserti interessato al nuovo, rivoluzionario "Progetto Commissioni"!

Credimi, anche se non sei un esperto di Internet o di Affiliazioni, e vuoi guadagnare qualcosa su Internet VELOCEMENTE, questa è la Strada giusta da intraprendere.

La "Formula Segreta" per poterci riuscire è in via di definizione e presto ... molto presto, ti dirò di cosa si tratta nel dettaglio.

Intanto ti incoraggio a non perdere di vista il Sito:

www.ProgettoCommissioni.com, in quanto prossimamente, sveleremo tutto! Nell'attesa ti incoraggio **a far conoscere a quante piu' Persone possibile questo Sito**. Perchè?

Lo scoprirai molto presto ...
Ci sentiamo a breve .

----

www.ProgettoCommissioni.com

Come vedi, puoi anche utilizzare questo tipo di Pagina per pubblicizzare un tuo Sito tramite un Link o destare la Curiosità necessaria per preparare il tuo Cliente a un nuovo Prodotto o Servizio. In alternativa puoi preparare qualche Offerta riferita a un tuo prodotto con sconto riservato. Questo è un metodo diretto per generare subito delle vendite e dei guadagni, ma nello stesso tempo può anche dare un effetto collaterale istantaneo.

L'iscritto potrebbe semplicemente ignorare la pagina di ringraziamento e quindi l'offerta in essa contenuta, oppure, nella peggiore delle ipotesi, potrebbe essere talmente infastidito dal fatto che gli proponi subito un'offerta commerciale da essere spinto alla cancellazione.

Puoi invece usare una strategia indiretta per ottenere lo stesso risultato, ed è quella di limitarti a ringraziare l'iscritto nella tua pagina di ringraziamento e inserire in fondo alla pagina un'area risorse, dove saranno presenti alcuni link a tuoi particolari prodotti, a offerte speciali, oppure ad altri prodotti in affiliazione.

Cosa è cambiato? L'impatto emotivo verso il tuo nuovo iscritto. Dopo aver ricevuto i ringraziamenti non si sentirà persuaso verso un acquisto, o perlomeno non in maniera diretta.

Nello stesso tempo il visitatore può a sua discrezione visitare i collegamenti che troverà nell'area risorse a piè pagina e valutare se acquistare un determinato prodotto in offerta speciale oppure no.

Strategia 2: anteprima prodotti

Abbiamo detto che i tuoi iscritti devono sentirsi "Importanti" e privilegiati rispetto ai semplici visitatori del tuo sito web. Questo continuerà a motivarli nella giusta maniera e sicuramente andranno a far parte di quella lista fidelizzata di cui parlavamo. Ecco che anche nelle email commerciali deve risaltare il fatto che tu stai dando ai tuoi iscritti delle opportunità speciali, opportunità che spingano all'azione.

Allora, se vendi degli Infoprodotti (ebook, Guide, Corsi o Software) puoi inviare un messaggio a tutti i tuoi iscritti annunciando il lancio di un nuovo prodotto.

Perché non dare a loro lo speciale privilegio di acquistare il prodotto stesso qualche giorno prima del lancio ufficiale?

Dove sta l'opportunità speciale? Ebbene, i tuoi iscritti che aderiranno all'offerta potranno acquistare il prodotto prima che venga lanciato sul mercato; grazie magari a un tuo Programma di Affiliazione o ai Diritti di Rivendita, potrebbero essere i primi a vendere sul mercato il prodotto stesso, magari anche prima del lancio ufficiale!

Questo è un incentivo non indifferente per chi vuole mettersi in gioco nel marketing online.

In effetti, se ci ragioni, puoi facilmente comprendere che se invii delle semplici email commerciali riferite all'acquisto di un tuo prodotto a catalogo, dov'è la differenza fra un tuo iscritto e un normale visitatore del tuo sito che arriva sulla pagina di vendita del tuo prodotto?

Vista da questa prospettiva non ci sono differenze, ma i tuoi iscritti si aspettano invece un trattamento speciale, si aspettano delle agevolazioni, d'altro canto forse è proprio questo uno dei motivi per cui sono ancora iscritti alla tua mailing list!

SEGRETO n. 1: puoi usare la tua Newsletter per proporre in anteprima i tuoi Prodotti, magari con degli Sconti speciali.

Strategia 3: offerte One Time Offer

STOP!

ASPETTA!

Non andare oltre. Abbiamo un'Offerta Speciale per te che non tornerà piu!

Le famose offerte OTO **sono una Strategia molto utilizzata nell'email marketing**. Anche per l'utilizzo di questa strategia vale lo stesso discorso che facevamo poc'anzi.

Devi creare un'offerta a tempo limitato riservata esclusivamente ai tuoi iscritti, dando loro la possibilità di acquistare un tuo prodotto o una serie di prodotti a prezzo scontato. È ovvio che la stessa offerta non dovrai inserirla anche nelle pagine visibili del tuo sito web, altrimenti l'offerta sarebbe diretta in realtà a tutti i semplici visitatori e i tuoi iscritti perderebbero subito la motivazione pcr adcrirc.

Devi sempre dare risalto allo speciale privilegio di cui godono i tuoi iscritti e non c'è modo migliore per farlo se non quello di dirglielo direttamente!

Quando invii email commerciali con offerte speciali, esprimi il concetto con frasi del tipo: «Ho deciso di dare un'opportunità unicamente ai miei iscritti più fedeli come te», oppure: «Hai un'opportunità speciale perché solamente i miei iscritti visualizzeranno questa offerta e nessun altro».

Se i tuoi iscritti vogliono sentirsi considerati e speciali, non devi fare altro che dirglielo! Questo manterrà al massimo la carica, la determinazione e la stima nella tua figura di Venditore.

SEGRETO n. 2: con le OTO puoi preparare delle Pagine Segrete visibili SOLO dai tuoi Iscritti, per proporre loro Sconti e Offerte irripetibili.

Strategia 4: URL Risorse cliccabili

Un'ottima strategia per pubblicizzare in maniera indiretta e poco invasiva tutti i tuoi siti web e nuovi progetti. Pensa a quante email invierai durante l'anno e pensa a un sistema efficace per far conoscere ai tuoi iscritti tutti i tuoi siti web e nuovi progetti che crei durante l'anno, anche se forse non direttamente correlati al settore di mercato tema principale della tua mailing list. Complicato?

Niente affatto, se imposterai in ogni email in uscita una piccola area di risorse (una sorta di firma), dove **elenchi tutti i tuoi siti web attraverso URL cliccabili!**

==================== RISORSE UTILI ====================

Visita e partecipa al mio Blog:

http://www.nomeblog.com

I miei siti web:

Breve descrizione....

http://www.nomesito.com

Breve descrizione....

http://www.nomesito.com

Partner:

http://www.nomesito.com

==

Ecco un esempio semplice di come puoi strutturare una piccola area risorse. Risulta molto efficace in primo luogo catalogare le risorse contenute nell'area stessa con dei brevi titoli "I miei siti web", "Partner", "Blog" e altro ancora. Grazie a questa strategia puoi pubblicizzare indirettamente non solo i tuoi blog, i tuoi siti web o minisiti tematici riferiti ad altri progetti, ma puoi anche pubblicizzare i prodotti o servizi in affiliazione che intendi vendere per conto di altri. Una pubblicità poco invasiva che ottiene invece l'effetto desiderato, cioè quello di essere percepito come una lista di risorse che potrebbero essere utili ai tuoi iscritti.

SEGRETO n. 3: puoi inserire dei Link alla fine dei tuoi Messaggi per pubblicizzare i tuoi Siti, il tuo Blog o i Prodotti di un Programma di Affiliazione, per incrementare i Guadagni.

Strategia 5: pacchetti

Hai mai pensato di vendere non solo un prodotto alla volta, ma un'intera collana di prodotti? Hai mai pensato di offrire un Pacchetto contenente una collana di prodotti correlati fra loro a prezzo ultraconveniente? Pensi sia poco profittevole "Svendere" un'intera collana di prodotti? Certamente, lo può diventare se offri questa possibilità a ogni visitatore del tuo sito. Ma pensa invece la reazione di un iscritto che riceve un'offerta relativa a un'intera collana di prodotti a prezzo scontato!

Pensa a come reagirebbe sapendo che è un'offerta riservata esclusivamente agli iscritti e molto probabilmente non si ripeterà più! Sono tutti fattori che generano emozioni, ed ogni emozione spinge a una determinata azione. Il tuo obiettivo è quello di "Emozionare" i tuoi iscritti, questo non necessariamente per vendere loro qualcosa, ma anche per far sì che diventino iscritti "Fidelizzati" e che tutta la tua lista possa diventare "Fidelizzata".

Prepara quindi un package di prodotti correlati fra loro e la relativa offerta dedicata ai tuoi iscritti, dai loro la possibilità di portarsi a casa una collana di prodotti a prezzo veramente scontato, oppure regalando uno o due prodotti se acquisteranno la collana completa. Ogni offerta può essere strutturata in base al tuo stile e perché no, alla tua fantasia. L'importante è che colpisca realmente chi la riceve e generi un'emozione che poi può tramutarsi in azione.
Quando ho creato il mio Sito Internet, uno dei miei primi Obiettivi era dare dei **Valori Aggiunti**, delle Offerte Speciali che i Visitatori potessero trovare **solo** visitando il mio Sito.

Ed è quello che ho fatto: ho creato un'Offerta Speciale, dove è possibile acquistare la mia Collana di Libri *Il Codice*, pubblicata sul Sito di Bruno Editore + i Vari Bonus in Omaggio, a un Prezzo Speciale!

SEGRETO n. 4: crea un Pacchetto di tuoi Prodotti a un Prezzo Speciale, riservato solo per chi si Iscrive al tuo Sito e quindi alla tua Newsletter.

Strategia 6: offerte speciali legate al calendario

Ritorniamo indietro nel tempo, quando mi iscrissi per le prime volte alle newsletter di diversi Venditori o Aziende. Col passare del tempo ho iniziato a conoscere il loro metodo di lavoro e quando notavo nel loro catalogo dei prodotti interessanti ne ero felice, perché sapevo che con molta probabilità a Natale, Pasqua o fine anno avrei ricevuto delle offerte speciali relative all'acquisto di alcuni di quei prodotti. Ed ecco che puntualmente arrivavano! I giorni che precedevano le email, la mia curiosità e aspettativa erano davvero alte.

Mi chiedevo: «Chissà quali prodotti saranno in offerta speciale? Chissà quale sarà lo sconto applicato? Chissà quale collana di prodotti avrà preparato in offerta di fine anno?»

Aspettativa, curiosità, emozione. Ecco quello che genera un'offerta formulata in determinati periodi dell'anno, magari legati a festività, ma anche legate all'inizio di una stagione, alla fine dell'anno solare e altro... Ce n'è per tutti i gusti, dalle offerte di fine anno, offerte natalizie, offerte pasquali, offerte di fine estate ecc.
Se impari a lavorare in questo modo, creerai parecchia aspettativa nei tuoi iscritti e questo, oltre che darti maggiori possibilità di guadagno, aumenta sensibilmente il tuo valore professionale, la tua immagine e la fiducia in te e in quello che fai.

SEGRETO n. 5: puoi creare delle Offerte anche in base a precisi eventi dell'Anno.

Strategia 7: offerte create su misura

Hai a portata di mano un volantino pubblicitario di qualche supermercato della tua zona? Prova a osservarlo attentamente. Troverai al suo interno dei prodotti in offerta speciale di vario genere. Lo sconto è ottimo ma forse il prodotto non è esattamente quello che vorresti. Forse proprio accanto a quello ne vedi un altro. È della stessa categoria e magari simile nell'aspetto, ma ti piace di più e vorresti acquistarlo se solo fosse anch'esso in offerta. Purtroppo quell'articolo non è scontato! Peccato vero?

Ma come reagiresti se su quel volantino pubblicitario ti venisse detto di recarti al supermercato, scegliere tu stesso un prodotto e recarti alla cassa per beneficiare dello sconto applicato? Formidabile! Molto probabilmente non finiresti neppure di sfogliare il volantino e ti recheresti al supermercato per acquistare quello che più ti piace a metà prezzo, magari! Quante persone pensi che reagirebbero in questo modo quando sfogliando lo stesso volantino pubblicitario, leggeranno quello che hai letto tu? Una stima precisa non la puoi fare, solo per renderti conto dopo, quando ti rechi di persona al supermercato, che quasi non si riesce neppure a camminare per l'affluenza di persone venute per aderire all'offerta!

Un concetto simile lo puoi applicare verso i tuoi iscritti? Stabilisci un periodo durante l'anno in cui creare delle offerte "Su Misura" per loro. Lo puoi fare semplicemente inviando prima dei sondaggi, quindi chiamando in causa direttamente i tuoi iscritti. Chiedi loro quale prodotto o servizio desidererebbero provare e cerca di capire dalle loro risposte cosa stanno aspettando.

Dopo di che prenditi il tempo di creare delle offerte adatte a soddisfare le esigenze di ogni utente e resta a guardare come questa strategia sia efficace nell'email marketing! Se il sistema in cui lavori lo permette, puoi anche semplicemente creare dei coupon di sconto da inviare ai tuoi iscritti e lasciare che siano loro stessi a scegliere il prodotto da acquistare dal tuo catalogo, applicandovi lo sconto. Un po' come quel volantino pubblicitario di cui parlavamo prima!

Raccogliere delle informazioni senza effettuare sondaggi è un'altra soluzione. Quante volte ricevi richieste di informazioni tramite email relative a un tuo prodotto o servizio? Chi ti richiede informazioni è tra l'elenco dei tuoi iscritti? Se sì, probabilmente è interessato a quel prodotto. Prendi nota; se passa diverso tempo senza che l'utente acquisti, invia un'offerta speciale proprio riferita a quel prodotto! In ogni cosa c'è sempre un modo per essere meno "Diretti", basta ragionare e sfruttare ogni informazione in tuo possesso.

SEGRETO n. 6: programma delle Offerte speciali, con degli Sconti su tutto il tuo Catalogo Prodotti.

In questo Capitolo hai avuto modo di imparare quante Strategie Avanzate ci sono dietro a una Newsletter. Quasi tutte si basano su un elemento fondamentale: **LE OFFERTE!**
Perché le Offerte sono tanto importanti? Perché se vuoi che la tua Newsletter lavori per te (in altre parole, se la consideri come uno Strumento di Guadagno Online), devi trovare il modo di incoraggiare le Persone ad acquistare qualche tuo Prodotto.

Questo è ovvio: se anche scrivi Articoli e Messaggi interessanti, i tuoi lettori troveranno piacevole leggerli ma alla fine continueranno a ignorare il tuo Prodotto.

Soltanto inserendo un tipo di Offerta tra quelle che hai visto in questo Capitolo nella tua Newsletter sarai in grado di ottenere un ritorno sui tuoi Investimenti e sul tuo Lavoro.

Sostanzialmente quindi, il Segreto per creare una buona Offerta è questo: **presenta al tuo Lettore una Ragione per cui dovrebbe acquistare il tuo Prodotto oggi stesso**. Analizziamo più nel Dettaglio questa Strategia.

"Presenta al tuo Lettore ..."

È importante far capire al tuo Iscritto che quello che sta vedendo è un'Offerta speciale. Ecco alcuni modi per farlo:

- Metti in bella vista un Coupon da utilizzare all'interno del tuo Catalogo Prodotti o sul tuo Sito, magari per far ottenere all'Iscritto un Codice Sconto dall'acquisto di un tuo Prodotto.
- Scrivi un Messaggio nella tua Newsletter dedicato esclusivamente all'Offerta. Ad esempio: «Come ottenere uno

sconto del 10% sui Prodotti per questo mese...» e all'interno presenta l'Offerta.

- Includi un Paragrafo finale che spieghi la tua Offerta, al termine di un Messaggio dall'Argomento correlato. Ad esempio: «Se desideri ottenere i miei stessi Risultati, dai un'occhiata a questo Prodotto, per te è riservato uno Sconto speciale del 10%!» (NOTA: Le Offerte non devono per forza essere collegate a uno Sconto e le Percentuali che ho scritto sono solo di esempio).

"... una Ragione ..."

Questo è uno dei più potenti Concetti di marketing e non a caso lo abbiamo approfondito qualche Pagina fa. Se si racconta una Storia convincente, se si dà una buona Motivazione per acquistare da noi, probabilmente le Persone aderiranno alla nostra Offerta. Il Dottor Robert Cialdini, in un suo Libro sulla Psicologia della Persuasione, racconta i Risultati di uno Studio fatto su tre Dipendenti che utilizzavano una Fotocopiatrice all'interno di un Ufficio di Lavoro. In questo Ufficio ognuno dei tre Dipendenti chiede al suo Superiore il permesso per utilizzare la Fotocopiatrice, utilizzando tre Frasi diverse.

1. Mi Scusi. Potrei usare la Fotocopiatrice, per favore?
2. Mi Scusi. Potrei usare la Fotocopiatrice, per favore? *Sono di corsa.*
3. Mi scusi, potrei usare la Fotocopiatrice, per favore? *Dovrei fare alcune Copie di lavoro.*

Nel primo caso, il 60% delle Persone accordano il permesso di usare la Fotocopiatrice. Negli altri due invece, le percentuali sono superiori al 90%! Ci sono due aspetti che possiamo imparare da questo esempio:

1. Che se dai una Motivazione, probabilmente avrai maggiori possibilità di ottenere quello che vuoi.
2. Che è meglio dare un Motivo, anche se non per forza valido. Dopotutto, la Frase numero due non è una vera Motivazione valida per ottenere il permesso, eppure riesce a persuadere in maniera efficace.

Quello che fa la Differenza, comunque, è fornire una Motivazione. Come ti può essere utile questa Tecnica all'interno della tua Newsletter? Non limitarti a creare un'Offerta, indica anche un Motivo, ad esempio in questo modo:

- Sto offrendo il 10% di Sconto su questo Servizio a tutti i miei Iscritti, perché è nuovo e voglio che sia diffuso il più possibile per verificarne i Risultati.
- Ho deciso di creare questo Prodotto perché credo che sia una componente importante all'interno di …
- Voglio proporti questa Offerta perché sei iscritto alla mia Mailing List e tengo molto ai miei Iscritti.
- Sto lanciando questa Offerta perché ora è il momento migliore dell'Anno per …

"… per cui dovrebbe acquistare il tuo Prodotto …"

Un aspetto importante all'interno del marketing è spingere le persone ad agire. In caso contrario c'è il Pericolo che i tuoi Iscritti possano ignorare la tua Newsletter e dimenticarsi di te e del tuo Prodotto. Dopotutto le Persone sono occupate da mille altri interessi (o magari troppo pigre) per fare da sole l'ultimo passo che gli permette di agire nei tuoi confronti. Ci sono però alcuni Metodi per dare un certo senso di Urgenza nella tua Offerta. Ad esempio potresti dire:

- Questa Offerta è valida per solo Mese di …

- Posso fare questa Offerta solo fino a questa Settimana perché a partire dal … partirà un nuovo Progetto, di cui ti parlerò.
- Questa Offerta è davvero irripetibile, per cui hai tempo per acquistare al Prezzo scontato fino al …

Anche in questo caso, come vedi, tutto ruota intorno all'elemento fondamentale della tua Newsletter: l'Offerta. E se non hai dei prodotti tuoi da Offrire? Perché non includere Prodotti di altri attraverso un Programma di Affiliazione? Ad esempio, grazie al Programma di Affiliazione di Bruno Editore puoi creare ugualmente dei Pacchetti e degli Sconti Speciali per i tuoi Iscritti. Per saperne di più ti rimando alla lettura di altro ebook che approfondisce ulteriormente questo aspetto: *Il Codice dell'Affiliazione*.

RIEPILOGO DEL CAPITOLO 6:

- SEGRETO n. 1: puoi usare la tua Newsletter per proporre in anteprima i tuoi Prodotti, magari con degli Sconti speciali.
- SEGRETO n. 2: con le OTO puoi preparare delle Pagine Segrete visibili SOLO dai tuoi Iscritti, per proporre loro Sconti e Offerte irripetibili.
- SEGRETO n. 3: puoi inserire dei Link alla fine dei tuoi Messaggi per pubblicizzare i tuoi Siti, il tuo Blog o i Prodotti di un Programma di Affiliazione, per incrementare i Guadagni.
- SEGRETO n. 4: crea un Pacchetto di tuoi Prodotti a un Prezzo Speciale, riservato solo per chi si Iscrive al tuo Sito e quindi alla tua Newsletter.
- SEGRETO n. 5: puoi creare delle Offerte anche in base a dei precisi eventi dell'Anno.
- SEGRETO n. 6: programma delle Offerte speciali, con degli Sconti su tutto il tuo Catalogo Prodotti.

GIORNO 7:
Raddoppia i tuoi Iscritti Automaticamente

Ora che abbiamo visto insieme quale sia l'effettivo potenziale di guadagno di una mailing list, ti sei fatto un'idea di quante possibilità di guadagno ci siano realmente nello sfruttarla. «I soldi sono nella lista» è un'affermazione fatta dai più grandi esperti di marketing statunitensi che ora ha un chiaro significato anche per te. È quindi logico, come scontato, il fatto che maggiore sarà il numero dei tuoi iscritti, maggiori saranno le possibilità di generare delle vendite e quindi dei guadagni.

Questo significa che per arrivare al top delle potenzialità devi aspettare che anni e anni di lavoro ti facciano raggiungere i 10.000 iscritti alla tua newsletter?

Non necessariamente, perché esistono delle strategie di lavoro testate sul campo, che ti permettono di raddoppiare i tuoi iscritti in poco tempo! Seguimi attentamente perché ora ci addentreremo in ognuna di esse.

Strategia 1: un form iscrizione Efficace

Scoprirai ...

- Perchè sono in pochi a Guadagnare realmente con i Programmi di Affiliazione
- Cosa differenzia gli altri Affiliati da uno Vincente
- Qual'è il Programma di Affiliazione che ti permette Guadagni ENORMI
- Le Strategie che hanno permesso ai pochi di Guadagnare in maniera spropositata
- Finalmente ... Come Guadagnare Migliaia

Registrati Gratuitamente

Compila i Dati e Accedi al Progetto!

Nome

Inserisci qui il tuo Nome

Email

Inserisci qui il tuo Indirizzo eMail

La tattica parte proprio dall'elemento primario: Il box per le iscrizioni. Dove dovrebbe essere posizionato? Principalmente nella home page del tuo sito web, pagina dove i visitatori sono reindirizzati dai motori di ricerca stessi. Ma perché limitare le possibilità di iscrizione solamente su una pagina?

Per aumentare le possibilità di iscrizioni inserisci un box in Home page e creane altri differenti da inserire in ogni pagina web del tuo sito. Non lasciarti sfuggire nemmeno un'opportunità che possa generare un nuovo iscritto. Molti utenti arrivano sulla tua home page, ma la prima cosa che fanno è cercare il catalogo prodotti per vedere se trovano qualche cosa di interessante.

Molti altri vengono reindirizzati dai motori di ricerca in base a ciò che cercano, quindi si ritroveranno in pochi istanti a visualizzare la pagina di vendita di un particolare prodotto per poi decidere l'eventuale acquisto (Bypassando per così dire la tua home page).

Ma obiettivamente è meglio un cliente occasionale che effettua un acquisto o un iscritto alla tua mailing list che con molta probabilità ne effettuerà diversi nel corso del tempo?

Come fare per raccogliere un'iscrizione da chi non visita la tua home page? Inserendo un form di iscrizione ad ogni pagina di vendita relativa al prodotto, modificando il testo e contenuto informativo del box stesso per renderlo attinente con la pagina stessa.

Come dovrebbe essere strutturato un form di iscrizione? Osserva attentamente uno dei form utilizzati da Autostima.net, grazie al quale oltre 270.000 persone si sono iscritte alla newsletter della

Bruno Editore. Hai capito bene, 270 mila iscritti che periodicamente ricevono offerte e proposte commerciali, generando tantissime opportunità di vendita e guadagno.

I Bonus di "Il Codice dell'Affiliazione"
Un Bonus puoi scaricarlo subito! Iscriviti Gratis...

Iscriviti Gratis e Scarica Subito il Report
"Cap. 1 Il Codice dell'Affiliazione"
Download Immediato Gratis!
OFFERTA LIMITATA
Non perderla!
Inserisci i tuoi dati:
Nome:
E-mail:
Garanzia di Privacy
Sì, vi autorizzo ad inviarmi il report in omaggio nella mia email e aggiornarmi sulle novità di Bruno Editore. Già 200.000 persone hanno scelto di iscriversi!
Scarica il Bonus

Il form si presenta in maniera estremamente semplice ma graficamente curato e piacevole. Analizziamo ora attentamente ciascun elemento che l'Editore ha utilizzato per comporre il form stesso.

SEGRETO n. 1: utilizza un Form di Iscrizione che sia chiaro e visibile in ogni Pagina del tuo Sito.

Strategia 2: messaggio introduttivo coinvolgente

I Bonus di "Il Codice dell'Affiliazione"
Un Bonus puoi scaricarlo subito! Iscriviti Gratis...

Iscriviti Gratis e Scarica Subito il Report
"Cap. 1 Il Codice dell'Affiliazione"

Download Immediato Gratis!

OFFERTA LIMITATA
Non perderla!

Inserisci i tuoi dati:
Nome:
E-mail:

Garanzia di Privacy
Sì, vi autorizzo ad inviarmi il report in omaggio nella mia email e aggiornarmi sulle novità di Bruno Editore. Già 200.000 persone hanno scelto di iscriversi!

Scarica il Bonus

Il messaggio introduttivo dice: «Un bonus (relativo al prodotto in vendita) puoi scaricarlo subito! Iscriviti gratis». Chi legge questa frase capisce subito che anche se dovesse decidere di non acquistare il prodotto, semplicemente iscrivendosi alla mailing list può ricevere un omaggio relativo al prodotto stesso.

In questo caso si tratta di una parte del prodotto, visto che stiamo parlando di un Capitolo intero dell'ebook *Il Codice dell'Affiliazione*.

Ottima strategia! Il visitatore può leggere il primo capitolo dell'ebook in questione e valutare in base allo stile e ai contenuti se acquistarlo oppure no. Intanto il visitatore si è iscritto alla newsletter ed è diventato sempre e comunque un potenziale cliente per il futuro.

Il visitatore inoltre capisce subito che non ha nulla da perdere iscrivendosi alla newsletter, visto che viene chiaramente espresso il fatto che l'iscrizione è gratuita. "Gratuita" in questo caso è una delle parole target che dovrebbero sempre comparire in maniera chiara tra il contenuto del form stesso.

Un qualunque form di iscrizione deve necessariamente introdursi con un messaggio coinvolgente che attiri l'attenzione del visitatore ed esponga in poche parole l'obiettivo dell'iscrizione stessa.

SEGRETO n. 2: utilizza un Messaggio coinvolgente, che spinga le Persone a trovare un Motivo valido per cui iscriversi.

Strategia 3: richiedere un'azione immediata

I Bonus di "Il Codice dell'Affiliazione"
Un Bonus puoi scaricarlo subito! Iscriviti Gratis...

Iscriviti Gratis e Scarica Subito il Report "Cap. I Il Codice dell'Affiliazione"

Download Immediato Gratis!

OFFERTA LIMITATA

Non perderla!

Inserisci i tuoi dati:

Nome:

E-mail:

Garanzia di Privacy
Sì, vi autorizzo ad inviarmi il report in omaggio nella mia email e aggiornarmi sulle novità di Bruno Editore. Già 200.000 persone hanno scelto di iscriversi!

Scarica il Bonus

Richiedere, anche se indirettamente, un'azione immediata da parte del visitatore è fondamentale, perché comunque vada devi riuscire a portare a casa qualche cosa! Quindi, indipendentemente da come vada a finire la vendita del prodotto in questione, il tuo obiettivo è spingere all'azione il visitatore prima di abbandonare la pagina stessa. Nel caso di un form inserito in una pagina dedicata alla newsletter puoi spingere all'azione eliminando ogni via di "Fuga". Questo significa che se hai una pagina del tuo sito dedicata all'iscrizione alla mailing list, non devono essere presenti altri link, banner o qualunque cosa dia al visitatore l'opportunità di spostarsi verso un'altra pagina. Due sole scelte: Iscriversi o abbandonare la pagina stessa.

Ovviamente questo non può applicarsi nelle pagine di vendita, dove comunque potrebbe essere necessario inserire altri link o informazioni. Osserva bene il form in alto, per spingere il visitatore a compiere un'azione immediata viene dato risalto al fatto che l'iscrizione in questione con il download dell'omaggio è un'offerta limitata e non va persa!

Anche se non è una pagina web dedicata esclusivamente alla mailing list, ma è stato inserito un form di iscrizione in una pagina di vendita, l'obiettivo è raggiunto comunque e ora le possibilità per il visitatore non sono più di quattro di cui tre vincenti:

- acquistare il prodotto;
- non acquistare il prodotto ma iscriversi alla mailing list;
- iscriversi alla mailing list e acquistare il prodotto;
- abbandonare la pagina.

È importante quindi che il form di iscrizione invogli il visitatore a compilare subito i dati e iscriversi, per farlo devi usare la stessa tecnica dell'offerta limitata mettendo in relazione la limitazione stessa con la possibilità di scaricare un omaggio o parte del prodotto stesso.

SEGRETO n. 3: spingi all'azione immediata tramite delle frasi Strategiche che richiamino un senso di Urgenza.

Strategia 4: rassicurare il potenziale iscritto

I Bonus di "Il Codice dell'Affiliazione"
Un Bonus puoi scaricarlo subito! Iscriviti Gratis...

Iscriviti Gratis e Scarica Subito il Report
"Cap. 1 Il Codice dell'Affiliazione"
Download Immediato Gratis!
OFFERTA LIMITATA
Non perderla!
Inserisci i tuoi dati:
Nome:
E-mail:
Garanzia di Privacy
Sì, vi autorizzo ad inviarmi il report in omaggio nella mia email e aggiornarmi sulle novità di Bruno Editore. Già 200.000 persone hanno scelto di iscriversi!
Scarica il Bonus

Oggi una buona parte degli utenti di Internet è restia a iscriversi alle newsletter perché pensano che i loro dati personali vengano divulgati in rete o trasmessi ad altri senza autorizzazione. Ecco perché è importante che il form contenga le informazioni relative alla privacy e che queste siano ben chiare ai visitatori.

***PRIVACY:** Compilando il Seguente Modulo sarai Iscritto automaticamente alla nostra Newsletter, dove riceverai Messaggi Settimanali circa i nostri Prodotti. NOI rispetto la tua privacy. I tuoi dati sono al sicuro con noi! Non verranno venduti, nè ceduti a Terzi. Noi odio lo spam e potrai cancellarti dal Servizio quando lo vorrai!!

Cosa dovrebbe indicare il contenuto informativo riguardante la privacy?

1) Dovrebbe dare un'indicazione circa la periodicità con cui invierai la newsletter. Molte persone hanno paura che dopo l'iscrizione la loro casella email verrà intasata di tuoi messaggi, ed è per questo che preferiscono non iscriversi. Se mostri loro chiaramente che iscrivendosi riceveranno messaggi *settimanalmente* (e non giornalmente) sollevi ogni dubbio e superi il primo ostacolo.

2) Dovrebbe rassicurare il lettore circa il fatto che i dati personali non verranno forniti ad altri nel pieno rispetto della privacy. I dati dell'iscritto non verranno forniti ad altri Venditori,

né tantomeno a società di email marketing, ma questa certezza non devi tenerla per te, perché il potenziale iscritto questo non lo sa e non lo saprà mai se tu non glielo dici.

3) Dovrebbe chiaramente mostrare che ogni iscritto può cancellare la sua iscrizione in qualsiasi momento. È una delle tante fobie che opprimono diversi utenti web: la paura di ricevere messaggi email per il resto della loro vita senza poter mai porre fine a questo "Calvario". Non è una paura infondata, perché ti posso assicurare che in Internet esistono diversi gestori di newsletter che hanno dato modo di parlare di sé in maniera negativa sotto questo aspetto, inquinando per così dire le acque pulite dove anche altri navigano.

Io stesso sono ancora alle prese con una newsletter alla quale mi ero iscritto circa tre anni fa. Nonostante circa un anno fa abbia cancellato la mia iscrizione (più volte), ogni giorno continua ad arrivarmi il messaggio email, e non ti posso descrivere come questo sia irritante! Quindi metti subito in chiaro che ogni iscritto è libero di cancellare la sua iscrizione in qualsiasi momento, fai in modo che in ogni email inviata sia incluso il link per la cancellazione.

SEGRETO n. 4: rassicura il potenziale Iscritto circa il tuo trattamento dei suoi Dati personali e sulla frequenza delle email inviate.

Strategia 5: richiedere l'essenziale

I Bonus di "Il Codice dell'Affiliazione"
Un Bonus puoi scaricarlo subito! Iscriviti Gratis...

Iscriviti Gratis e Scarica Subito il Report
"Cap. 1 Il Codice dell'Affiliazione"

Download Immediato Gratis!

OFFERTA LIMITATA
Non perderla!

Inserisci i tuoi dati:
Nome:
E-mail:

Garanzia di Privacy
Sì, vi autorizzo ad inviarmi il report in omaggio nella mia email e aggiornarmi sulle novità di Bruno Editore. Già 200.000 persone hanno scelto di iscriversi!

Scarica il Bonus

La maggior parte degli Utenti non ama compilare lunghi form di iscrizione e questo è un fatto oramai risaputo. Se poi consideriamo che i campi richiesti riguardano dei dati personali, capisci che il problema potrebbe essere determinante. Bastano solamente due campi per richiedere un'iscrizione alla mailing list: **Nome** e **Indirizzo email**.

Richiedere altre informazioni come indirizzo, numero di telefono città di residenza ecc. non può che essere controproducente nel caso della newsletter. Devi sempre immedesimarti nei tuoi potenziali iscritti e cercare di ragionare come loro. Se un utente ha appena acquistato un prodotto fisico che necessita una spedizione mediante i tradizionali servizi postali, è del tutto normale richiedere altre informazioni come indirizzo, telefono e paese di residenza. L'utente in questione si aspetta che il form di compilazione richieda diverse informazioni e non esiterà a compilarlo.

Nel caso di una semplice iscrizione alla newsletter le cose cambiano. Perché mi chiedono l'indirizzo? Mi invieranno qualcosa a casa? Magari qualcosa da pagare? Mi telefoneranno continuamente per propormi qualcosa? Sono domande che possono sembrare banali, ma ti posso assicurare che sono quelle domande che il 90% dei visitatori si porranno quando avranno sotto i loro occhi un form di iscrizione alla mailing list che "Chiede troppo". Il risultato? Non si iscriveranno, neanche se gli offri il più bel bonus di questo mondo! Riduci al minimo i campi di richiesta quindi, e impara così "Sintonizzarti" sulla stessa "Frequenza" di ragionamento dei tuoi potenziali iscritti.

SEGRETO n. 5: chiedi per l'iscrizione solo dati essenziali, come Nome ed email, senza andare oltre.

Strategia 6: risorse gratuite

Abbiamo già sfiorato l'argomento trattando il contenuto delle strategie precedenti, in quanto il form di iscrizione riportato come esempio riguarda proprio il download di un bonus in cambio dell'iscrizione stessa. Non sempre però le risorse gratuite e i bonus sono gestiti solamente in questa maniera. Se hai una pagina del tuo sito dedicata esclusivamente ai bonus o risorse gratuite da scaricare sfrutta il form di iscrizione per raccogliere l'indirizzo email di un potenziale acquirente. Fai in modo quindi che ogni visitatore possa scaricare la risorsa gratuita (o il pacchetto di risorse gratuite che offri) solo dopo essersi iscritto alla tua mailing list. Se ciò viene rapportato al fatto che tu ti impegnerai a creare e offrire risorse gratuite veramente interessanti e di qualità puoi ben capire come questa strategia può raddoppiare in poco tempo il numero dei tuoi iscritti. Ma c'è un altro aspetto che devi considerare. Osserva l'immagine riportata sopra.

Ti dico subito che non è un'immagine messa lì per caso, ma ha un suo significato e rappresenta essa stessa una strategia. Gli utenti web sono sicuramente attirati dal fatto di poter ricevere qualcosa gratuitamente e questo ben si allinea con la terminologia usata nelle parole "Bonus" e "Omaggio" come anche "Risorsa Gratuita", ma sai cosa cattura ancora di più la loro attenzione?

La "Sorpresa", cioè il fatto di sapere che riceveranno qualcosa in serbo per loro, ma solo dopo averlo ricevuto scopriranno effettivamente di cosa si tratta. Tutto questo crea quell'emozione che abbiamo già chiamato "Aspettativa". Ecco perché l'immagine rappresenta un ebook senza cover con un bel punto di domanda al centro! Quando offri una serie di omaggi o risorse gratuite, lascia sempre che uno o due di quelle risorse rimangano "Incognite" e dì chiaramente che iscrivendosi alla tua mailing list, il visitatore riceverà il bonus chiamato X, il bonus chiamato Y più un ulteriore bonus a sorpresa.

Questo modo di gestire le risorse gratuite "Stimola" la curiosità del visitatore che avrà subito un motivo in più per iscriversi e portarsi a casa il pacchetto di risorse e le sorprese in serbo.

Ma i bonus gratuiti possono essere utilizzati anche in altra maniera. Per esempio potresti offrire un bonus correlato all'acquisto di un tuo prodotto, facendo in modo che l'utente, dopo aver effettuato il pagamento, possa effettuare il download del prodotto acquistato, per poi essere indirizzato verso una pagina contenete il form di iscrizione. Dopo essersi iscritto riceverà il link per il download del bonus aggiuntivo. Questo è un sistema che ti permette raccogliere iscrizioni da coloro che non sono già iscritti, ma che hanno acquistato un tuo prodotto o servizio. Nulla ti impedisce di adottare questo sistema anche se vendi prodotti fisici che spedirai al cliente dopo l'acquisto.

Se anche il bonus in questione è fisico, puoi utilizzare il form come conferma e autorizzazione da parte dell'acquirente. Grazie al Web 2.0 tutto è possibile ed è straordinario il fatto che tu possa programmare strategicamente ogni cosa con poche righe di HTML.

SEGRETO n. 6: dì chiaramente che iscrivendosi alla tua Newsletter i tuoi Iscritti riceveranno dei Bonus a sorpresa.

Strategia 7: download prodotti digitali

Questa strategia è utilizzata da alcuni Internet Marketer, e dico alcuni perché si tratta di qualcosa di "Delicato". Come ben sai, il fatto che un cliente acquisti un tuo prodotto non significa necessariamente che sia anche un tuo iscritto o che abbia l'intenzione di esserlo. Abbiamo però già ragionato sul fatto che è molto meglio un iscritto alla tua mailing list piuttosto che un semplice acquirente occasionale che oggi compra e magari non lo farà più per il resto della sua vita.

Ecco che alcuni che fanno Business su Internet adottano l'utilizzo della **Squeeze page** che appare all'acquirente subito dopo aver eseguito il pagamento di un prodotto digitale acquistato.

Squeeze, ovvero "Spremere", ben indica quale sia l'obiettivo dei questa pagina creata del Venditore: spremere un'iscrizione alla sua mailing list.

Ecco che un acquirente dopo aver pagato il prodotto viene reindirizzato verso una pagina di ringraziamento, dove si rende necessaria la sua iscrizione attraverso la compilazione del form, per poter ricevere il link di download del prodotto acquistato.

Quindi il cliente paga il prodotto, ma per poter effettuare il download deve necessariamente iscriversi alla mailing list (riceverà automaticamente l'email contenente il link di download subito dopo l'iscrizione). Ecco perché parlo di una strategia "Delicata". Viene vista da molti come una "Forzatura" e spesso non è sempre gradito come metodo. D'altro canto, il cliente che ha già pagato il prodotto vuole avere la possibilità di scaricarlo subito e senza condizioni e ne ha tutte le ragioni.

C'è un sistema per "Addolcire" un po' questa strategia comunque molto efficace?

Be', in effetti una soluzione c'è ed è anche molto semplice da applicare. Puoi utilizzare la squeeze page, ma invece di limitarti a inserire i ringraziamenti e il form da compilare per ricevere il link di download puoi fare in questo modo: inserisci i ringraziamenti per l'acquisto, mostra subito il link per effettuare il download del prodotto acquistato e sotto il link inserisci il form di iscrizione, indicando che iscrivendosi avranno diritto a ricevere eventuali aggiornamenti del prodotto o nuove versioni del prodotto stesso.

In questo modo il cliente è soddisfatto del servizio offerto e non esiterà a iscriversi alla tua mailing list, e tu avrai "Spremuto" un'ulteriore iscrizione da un acquirente occasionale che ora è diventato un tuo iscritto.

Tutto questo è ciò che possiamo definire un metodo per trasformare semplici clienti occasionali in clienti a vita, un sistema per raddoppiare in poco tempo il numero dei tuoi iscritti e costruire una lista sempre più numerosa.

SEGRETO n. 7: usa la Strategia delle Squeeze page per "Spremere" i tuoi Acquirenti facendoli divenire Clienti a Vita.

Strategia 8: pop up

La Finestra pop up è una finestra che compare automaticamente quando il visitatore visita qualche pagina del nostro sito web o compie determinate altre azioni. In genere le Finestre pop up sono considerate "Poco simpatiche" soprattutto se non utilizzate nella giusta maniera dal webmaster.

Creare e inserire un pop up nella grafica che mostra il form per l'iscrizione alla tua mailing list potrebbe essere un buon strumento per aumentare il numero delle iscrizioni, ma devi impostare la finestra con discrezione. Prima di tutto se un elemento non è sempre ben visto dagli internauti devi compensare questo svantaggio elevando qualche altra caratteristica dell'elemento stesso.

Nel caso del pop up puoi elevare l'impatto grafico ed estetico in modo che quando si aprirà, attirerà l'attenzione in maniera positiva e non negativa. Ricorda che la grafica curata può fare la differenza in qualunque applicazione, proprio perché l'occhio umano gradisce ciò che è bello e tende a "Non guardare" ciò che appare subito poco gradevole. Un esempio banale?

Quando un uomo cammina in un viale molto frequentato in città, focalizza in un istante dieci delle cento donne che nota davanti a sé passandogli proprio di fronte. E le altre novanta? Non hanno destato attenzione perché la loro estetica non colpiva l'occhio! Invece, nonostante la folla di gente che passeggiava su quel viale, l'occhio di quell'uomo ha subito notato quelle dieci belle donne e lo sguardo si è alzato. Dei bei capelli biondi, una statura più alta del normale, un rossetto di colore acceso, tanti piccoli elementi che hanno attirato l'attenzione dell'uomo e lo hanno spinto ad alzare lo sguardo e guardare la donna da capo a piedi!

Capito il concetto? Basta anche un piccolo elemento estetico per spingere un visitatore a non chiudere la finestra pop up, ma a leggerne il contenuto e magari iscriversi.

SEGRETO n. 8: puoi usare anche dei PopUp belli visivamente per attirare l'Attenzione dei Visitatori per iscriversi.

Anche in questo Capitolo hai capito delle Tecniche fondamentali per costruire velocemente la tua Mailing List, tramite non solo un Form di Iscrizione, ma con tutti quegli accorgimenti che ci sono dietro.

RIEPILOGO DEL CAPITOLO 7:

- SEGRETO n. 1: utilizza un Form di Iscrizione che sia chiaro e visibile in ogni Pagina del tuo Sito.
- SEGRETO n. 2: utilizza un Messaggio coinvolgente, che spinga le Persone a trovare un Motivo valido per cui iscriversi.
- SEGRETO n. 3: spingi all'azione immediata tramite delle frasi Strategiche che richiamino un senso di Urgenza.
- SEGRETO n. 4: rassicura il potenziale Iscritto circa il tuo trattamento dei suoi Dati personali e sulla frequenza delle email inviate.
- SEGRETO n. 5: chiedi per l'iscrizione solo dati essenziali, come Nome ed email, senza andare oltre.
- SEGRETO n. 6: dì chiaramente che iscrivendosi alla tua Newsletter, i tuoi Iscritti riceveranno dei Bonus a sorpresa.
- SEGRETO n. 7: usa la Strategia delle Squeeze page per "Spremere" i tuoi Acquirenti facendoli divenire Clienti a Vita.
- SEGRETO n. 8: puoi usare anche dei PopUp belli visivamente per attirare l'Attenzione dei Visitatori per iscriversi.

• CASE HISTORY:
Il Lancio di un Prodotto di Successo

Nel caso tu stia utilizzando la tua Newsletter per promuovere dei tuoi Prodotti, sicuramente uno dei tuoi Obiettivi è quello di attirare l'Attenzione dei tuoi Lettori con dei Lanci a effetto, che possano aumentare le tue Vendite, soprattutto nel periodo iniziale che di solito è quello più produttivo dal punto di vista degli incassi. Di solito il lancio di un nuovo Prodotto attraverso la Newsletter si divide in tre Fasi:

- **prelancio;**
- **lancio;**
- **postlancio.**

Tutte e tre queste Operazioni passano attraverso l'invio dei tuoi Messaggi email. Ti piacerebbe usare questa Strategia per lanciare il tuo Prodotto? Vediamo in maniera pratica un esempio relativo al Lancio di un ebook da parte della Bruno Editore, la cui

Newsletter, come abbiamo detto prima, è un punto di riferimento nel suo Settore per quanto riguarda la vendita di ebook.

Quello in questione è "La nuova Legge di Attrazione" di Giacomo Bruno e Viviana Grunert, un vero e proprio Best-Seller con oltre 500 Copie vendute nei primi Giorni di lancio, per cui possiamo dire che è un ottimo esempio da prendere in considerazione.

Una delle email di Prelancio recitava in questo modo:

"Ciao ...,

negli ultimi mesi sul blog si è parlato molto di obiettivi e legge dell'attrazione, dunque la domanda è semplice:

Come mettere in pratica la Legge di Attrazione?
****RISPOSTA:*
Il libro "The Secret" di Rhonda Byrne ha venduto milioni di copie e ha diffuso in tutto il mondo il concetto di "legge di attrazione".
Essa recita che se tu DESIDERI fortemente un qualcosa, allora si realizzerà quasi per magia. L'universo ti aiuterà a raggiungere i tuoi desideri e ti permetterà di ATTRARRE proprio le risorse di cui hai bisogno.
Io credo che tutto questo sia assolutamente vero, che quando ti FOCALIZZI su un particolare sogno o obiettivo, allora in qualche modo si realizzerà. E fin qui ci siamo. ***E la pratica?***
La risposta ce la dà l'Autrice Misteriosa di "La Nuova Legge di Attrazione", che ci scrive:
Uno dei segreti più grandi è sicuramente la ***Legge di Attrazione****: se ti focalizzi su un obiettivo, allora riuscirai ad attrarlo verso di te.*
Se hai letto il libro The Secret di Rhonda Byrne sai di cosa parlo. Io l'ho letto parecchio tempo fa, in lingua inglese, quando ancora l'Italia era lontana da averne la traduzione. Lo stesso per il film di The Secret. In inglese, ma ugualmente efficace. Anzi di più, senza filtri rispetto all'originale.
Di legge di attrazione *parlava anche* ***Bryan Tracy*** *nei suoi libri, come "Abitudini da un milione di dollari" e diversi altri.*
La VERITA' è che la legge di attrazione, così come esposta in questi libri, non ha una connotazione abbastanza pratica. Lo so perchè ***tante persone che ho aiutato*** *mi hanno chiesto come metterla in pratica.*
Napoleon Hill *diceva "qualsiasi cosa l'uomo può immaginare, la può realizzare".*
Antohny Robbins *parla di "sistema attivante reticolare", per intendere che quando la mente umana è focalizzata su un desiderio, allora semplicemente noterà eventi, persone e discorsi correlati a quel desiderio.* ***Deepak Chopra*** *parla di "coincidenze" e fisica quantistica.*
Ed è così che ho creato e strutturato "La Nuova Legge di Attrazione" (in pubblicazione il 4 Novembre), un percorso che ti consente di ***mettere in pratica la legge di attrazione****, secondo nuovi standard e con le strategie della Programmazione Neuro-Linguistica, con particolare attenzione su bisogni e convinzioni.*
Io credo che tutto questo possa essere messo insieme con ***strategie chiare, precise e definite****, in modo che* ***chiunque possa realizzare*** *i propri sogni e obiettivi in maniera concreta.*

Come puoi vedere ci sono diversi spunti di riflessione: prima di tutto qui l'Editore **parte da un'Argomentazione trattata sul suo Blog**, cioè un Argomento di cui sa già che i suoi Lettori seguono con interesse. **L'email non è commerciale ma Testuale**, l'Autore scrive ai suoi lettori in maniera naturale, anche se in pratica fa una vera e propria Prevendita dell'ebook che **risolve proprio un Quesito** rimasto in sospeso. Si gioca molto anche sul **fattore Sorpresa**, visto che fino all'ultimo l'identità dell'Autore del Libro è rimasta segreta.

Già, questi spunti sono sicuramente utili per Lancio del tuo Prodotto, non credi? Puoi lanciare (o anche RI-Lanciare se il tuo è un Prodotto già esistente) partendo con un'email introduttiva, che parli di un Argomento di interesse comune, facendolo in maniera informale e diretta, e presentando con la giusta dose di Curiosità il tuo Prodotto, che servirà a risolvere una Problematica ben precisa.

Ma analizziamo ora la seconda email di Prelancio inviata qualche Giorno più tardi, quando ormai gli Autori dell'ebook sono usciti allo scoperto…

"Ciao ...,

leggi attentamente questo messaggio.
La ***Legge di Attrazione*** *ha colpito ancora!*

TU sei appassionato alla crescita e alla formazione...
TU hai attirato un miracolo...

Per la prima volta *nel catalogo Bruno Editore, potrai ricevere un ebook molto speciale...*

Si chiama La Nuova Legge di Attrazione e NON è disponibile ancora.

Ma sarà ***disponibile presto SOLO PER TE*** *e a un PREZZO ECCEZIONALE.*

L'uscita ufficiale è per martedì 04 Novembre.

Tu*, in quanto nostro iscritto, potrai averlo* ***con 24 ore di anticipo*** *al prezzo speciale.*

Dunque ***domenica 02 sera, alle ore 24.00****, riceverai una newsletter con un* ***link speciale****, che ti permetterà di scaricare l'ebook in anticipo.*

Il prezzo?

Sarà il ***più basso della storia*** *della Bruno Editore:* ***solo 19 euro****, più iva.*

Vogliamo che ***tutti abbiano questo ebook****, perchè cambierà la tua vita e quella delle persone vicine a te.*

Nell'attesa scarica il primo capitolo e scopri come ***mettere in pratica la Legge di Attrazione:***

La Nuova Legge di Attrazione
Come Trasformare i Tuoi Sogni in Obiettivi Concreti e Realizzabili
Ebook 274 pagine + 3 Report
di Giacomo Bruno & Viviana Grunert"

Anche questa email è molto interessante: **si scoprono infatti alcune Caratteristiche del Prodotto** (come ad esempio il Prezzo e l'Autore), ma **si mantiene viva la Curiosità** del Lettore, attirando la sua Attenzione con **un'Offerta speciale**, riservata agli Utenti della Newsletter, che hanno potuto scaricare in Anteprima l'ebook tramite un Link segreto, a loro riservato.

Notiamo in entrambe le email alcuni concetti base che hai appreso in questo ebook, messi in pratica. Abbiamo parlato, infatti, dell'importanza di **far sentire importanti i propri Lettori**, riservando loro delle Offerte speciali oppure delle Opportunità dedicate. È anche importante farlo **scrivendo in prima Persona**, non in maniera impersonale, ma allo stesso tempo presentando il tuo Prodotto, o meglio i **Benefici** che questo avrà per i tuoi Lettori, in modo che essi siano attratti da questi piuttosto che da te. Ok, finalmente arriva il Giorno tanto atteso: l'uscita del tuo Prodotto.

"Ciao ...,

*come preannunciato, **La Nuova Legge di Attrazione**, è disponibile OGGI SOLO PER TE e a un PREZZO ECCEZIONALE.*

Attenzione: ***NON andare sulla scheda*** *dell'ebook perchè da lì NON puoi comprarlo, perchè NON è ancora disponibile al pubblico.*
L'uscita ufficiale è per martedì 04 Novembre.
Tu*, in quanto nostro iscritto, potrai averlo* ***ORA, con oltre 24 ore di anticipo*** *al prezzo speciale.*
E' il ***più basso della storia*** *della Bruno Editore:*
SOLO 19 EURO*, più iva.*
Vogliamo che ***tutti abbiano questo ebook****, perchè cambierà la tua vita e quella delle persone vicine a te.*
Segui passo passo queste ***istruzioni per ordinare.***
========= COME ORDINARE============
1) Clicca questo LINK SPECIALE per inserirlo nel carrello
2) Inserisci i tuoi dati o fai il login
3) Il download è immediato!
====================================
Buona Attrazione!
Giacomo Bruno"

In questa email ovviamente si mantiene la Parola data, lanciando il Prodotto in anticipo per quanto riguarda gli Iscritti in Newsletter, tramite un Link a loro riservato. Questo aumenta sensibilmente la Fiducia nei confronti dell'Autore. Ma non finisce qui, infatti viene inviata anche una email di Post Lancio.

"Ciao ...,
io lo avevo detto che sarebbe diventato il ***caso editoriale dell'anno!***
La Nuova Legge di Attrazione ha già venduto ***oltre 200 copie in meno di 24 ore*** *e ne sta parlando tutto il web e presto anche la* ***stampa nazionale!***
I motivi sono semplici:

1) la ***Legge di Attrazione*** *è l'argomento di crescita personale più amato e discusso di tutti i tempi.*

2) è il ***primo libro di Viviana Grunert****, direttore di Bruno Editore, pertanto se ne sta parlando molto in giro.*

3) ha il prezzo ***più basso della storia*** *della Bruno Editore:* ***SOLO 19 EURO****, più iva.*
4) ***da oggi è DISPONIBILE PER TUTTI!***
E TU lo hai già scaricato ...?
La Nuova Legge di Attrazione
Come Trasformare i Tuoi Sogni in Obiettivi Concreti e Realizzabili
Ebook 274 pagine + 3 Report
Il libro ***"The Secret" di Rhonda Byrne*** *ha venduto milioni di copie e ha diffuso in tutto il mondo il concetto di* ***Legge di Attrazione****. Essa recita che se tu desideri fortemente un qualcosa, allora si realizzerà quasi per magia.* ***L'universo ti aiuterà*** *a raggiungere i tuoi desideri e ti permetterà di attrarre proprio le risorse di cui hai bisogno.*

Io credo che tutto questo sia assolutamente vero, che quando ***ti focalizzi su un particolare sogno*** *o obiettivo, allora in qualche modo si realizzerà. Il senso è sempre lo stesso, più ci concentriamo su qualcosa e più questa diventa vicina, concreta e realizzabile.*
E fin qui ci siamo. ***E la pratica?*** *La "Nuova Legge di Attrazione" ci fornisce la risposta.*
Vuoi mettere in pratica la Legge di Attrazione? Vuoi attrarre risultati concreti e realizzabili? Vuoi imparare a ***pianificare i tuoi obiettivi*** *per trasformarli in realtà?"*

Come avrai capito quest'ultima email non lo è in ordine di importanza, anzi serve a conquistare i così detti "Clienti indecisi", quelli che non sanno se il Prodotto fa effettivamente al caso loro. L'unico metodo per attirarli è con **la Tecnica della Persuasione** relativa alla “Riprova Sociale”. Questo vuol dire dare delle Statistiche di Vendita ben precise, per far intendere al lettore che se sono state vendute ben 200 Copie del Libro in meno di 24 Ore vuol dire che è davvero un Prodotto valido e probabilmente è lui a non essersene ancora accorto. Questo ragionamento farà scattare in lui quella molla che lo spingerà ad acquistare, qualora non lo avesse ancora fatto.

Come puoi vedere, lanciare un Prodotto tramite la tua Newsletter è molto facile, basta seguire delle precise linee guide e modellare l’esempio di Prodotti di successo, come quello che abbiamo considerato in queste Pagine.

Conclusione

In questo ebook non hai imparato solo come fare Business Online attraverso una Newsletter. Hai imparato in realtà in cosa consiste il Marketing (perché gestire una Newsletter in realtà vuol dire fare Marketing con le email) e come funziona.

E ora? Ora che hai finito di leggere questo ebook, cosa dovresti fare? Hai visto che il Marketing ruota intorno alla Storia che decidiamo di raccontare (e credere). Allora inizia a raccontare la tua Storia, una Storia che corrisponda alla Visione del Mondo e agli interessi delle persone alle quali ti rivolgerai, una Storia chiara e semplice.

Infine, ricorda sempre che le Persone ti seguiranno soltanto se decideranno di credere alla tua Storia, a quello che vorrai trasmettere, non tanto per quello che sei o per il tuo Prodotto.

Tieni a mente questo aspetto e non essere uno dei tanti Venditori (o Affiliati), ma cerca di distinguerti il più possibile, ricontattando i tuoi Clienti con sempre nuovi Prodotti che possano desiderare ancor più di quelli acquistati in precedenza.

Come fare per ricontattarli? Ma con la tua Newsletter, naturalmente!

Daniele D'Ausilio

www.ingramcontent.com/pod-product-compliance
Ingram Content Group UK Ltd.
Pitfield, Milton Keynes, MK11 3LW, UK
UKHW022023190726
13853UKWH00005B/2086

9 788861 741553